조직관리론

서상원 교수의 행정학 시리즈 ❶

조직관리론

서상원 지음

이담 Books

조지관리론은 조직의 이해를 통해 관리자로서의 소양을 갖출 수 있게 한다. 따라서 이 책의 주요 흐름은 조직의 본질을 이해하기 위하여 조직에 관한 이론의 발달과정부터 살펴보게 된다. 조직에 관한 관점은 초기에는 조직 내부의 요소, 즉 인간보다는 조직구조나 조직의 원리 등을 연구하고, 조직의 목표를 달성하기 위한 요소들을 중심으로 관심을 갖게 되었다.

그러나 조직을 운영하는 주체는 인간인데, 인간의 심리나 그들의 만족, 불만족을 배제한 관점은 인간관계론과 같은 인간의 중요성을 인식하게 되었다. 따라서 인간관계론은 조직구조 중심의 전통적 조직이론에 수정을 가하여 인간의 내면적 심리상태, 민주적인 관리 등이 주요 관리 관점으로 부각되었다. 1950년대 후반부터는 생태론이 대두되면서 조직은 살아있는 유기체로서 조직 외적인 조직환경과의 상호작용이 매우 중요하다는 것을 학자들이 인식하면서 조직환경을 중심으로 연구가 활발하게 이루어졌다. 즉 조직환경은 전통적 관점에서는 안정적이고 유동성이 없는 상수의 개념으로 보았지만 조직환경이 유동적이고 복잡하게 되면서 조직내부만을 연구해서는 안 된다는 인식이 팽배하면서 환경을 연구하고 이들의 변화에 조직이 적응하는 새로운 패턴의 조직유형을 대두시켰다. 특히, 정보화 사회가 대두면서 과거의 전통적 관료조직과 같은 경직된 조직으로는 복잡한 환경변화에 조직이 적응하기에 매우 어렵다는 것을 인식하고 새로운 조직형태, 즉 애드호크라시와 같은 임시적이고 작은, 낮은 계층조직 등의 형태의 조직을 탄생시켰다. 조직의 동태화 추세라고 할 수 있는데, 동태화란 환경변화에,

적응성이 높은 조직, 공식성과 집권성이 낮은 조직, 쇄신성, 대응성 등을 말한다. 이러한 조직의 변화과정과 조직구조, 조직 내의 인간, 인간의 욕구동기, 조직환경 등을 큰 관점으로 전개하였다.

본서는 서술위주의 지루한 설명에서 벗어나 핵심적인 부분을 요약하여 학생들이 쉽게 이해할 수 있도록 정리하였으며 조직론에 대한 프레젠테이션에도 유용하도록 작성하였다. 따라서 각종 시험을 준비하는 학생들에게도 도움이 될 것이다.

아무쪼록 이 교재로 조직에 관한 지식을 쉽게 습득하고 각각의 목적에 맞는 교재로 활용되기를 바라며, 다른 분야의 교재로 이러한 방식으로 출간하여 학생들의 정리에 도움이 되고자 노력할 것이다.

그리고 저의 방식을 이해해 주시고 출간에 적극적으로 노력해 주신 한국학술정보(주) 기획팀 임은정 선생님께 진심으로 감사드린다.

2009년 1월
저자

목 차

Chapter 06   조직의 목표관리   104

Chapter 09   의사전달과 행정PR   174

Chapter 10   권위와 리더십   186

Chapter 11 　조직의 사무관리 203

조직의 기초이론

01 조직의 본질

1. 조직의 의의

(1) 조직의 개념

① 조직은 어떤 형태이든 주어진 목표를 가지고 있다. 따라서 조직은 그 목표달성을 위하여 두 사람 이상이 모여 협동하는 체제(system)이다.

② A. Etzioni는 조직을 "일정한 환경하에서 특정목표를 추구하기 위하여 일정한 구조를 가진 사회적 단위"라고 정의하였다.

③ 조직의 일반적 정의는 공동의 목적이나 목표를 달성하기 위해 일정한 경계를 가지고 협동하는 둘 이상의 집합체로 본다

(2) 조직의 특성

① **목표지향성**: 모든 조직은 지향하는 자체의 특정목표를 의도적으로 설정하고 있다.

② **인간의 집합체**: 조직은 일정한 실체가 없기 때문에 조직은 목표추구를 위한 인간의 집합체로 봐야 한다.

③ **조직운영의 다양성 존재**: 전문성과 지식을 바탕으로 업무의 분업이 이루어져야 하며, 목표달성이 효율적으로 이루어지도록 조정과 통제가

필요하다.

④ 공식구조의 필요성: 분업과 조정 및 통제를 기하고 특정한 역할과 책임에 관한 사항과 구성원들 간의 관계에 대한 공식적 구조를 갖추어야 한다.

⑤ 개방체제 및 계층성 존재: 조직은 외부와 구별되는 일정한 경계를 가지면서도 환경과의 끊임없는 상호작용으로 존립하는 개방체제이며, 일정한 계층구조로서 파악된다.

⑥ 조직은 체제로서의 생존을 위해 환경과의 관계하에서 적응기능, 목표달성기능, 통합기능, 체제유지기능을 수행한다.

⑦ 합리성 추구: 조직은 목표달성의 과정과 수단에 합리성을 추구한다.

2. 조직구조의 변수

(1) 조직구조의 개념

① 조직은 인적·물적 자원, 에너지, 정보, 기술 등을 동원하여 목표달성을 위한 업무를 수행하는데, 이러한 물리적 요소 외에 조직행태와 성과에 영향을 주는 요소를 조직구조라 한다.

② 조직구조는 조직행태에 영향을 줌으로써, 조직의 효율성 및 효과성에 영향을 미치며 궁극적으로 조직의 생존성과 관련된다.

③ 조직성과의 주요 변수로서의 조직구조

ㄱ 체제적 관점에서 본 조직구조: 조직구조란 조직의 구성 요소들 간의 상호 의존 및 상호작용의 유형을 말한다. 이와 같이 구성원들에게 과업, 역할, 지위, 권력 등을 배분하고, 이들 간의 상호작용을 조직구조라 한다.

ㄴ 해석학적 관점에서 본 조직구조: 조직구조를 조직 구성요소 간에 서로 영향을 주고받으며 변화하는 반복적 상호작용의 관계로 본다.

구조는 상호작용 속에서 지속적으로 산출 및 재창조되며, 조직 구성원들 간의 상호작용을 규율하는 매개체의 역할을 한다. 해석학적 관점에서는 조직구조의 형성 과정을 강조하며, 주관적 인지 과정을 통하여 끊임없이 변화하는 속성을 중시한다.

(2) 조직구조의 기본변수

① 복잡성

　　㉠ 개념: 수평적·수직적 분화 및 장소적(공간적) 분산의 정도를 말한다. 수평적 분화는 업무 또는 부서 간의 횡적인 분화이며, 수직적 분화는 감독계층의 수를 말한다. 이러한 분화는 업무의 권태감을 해소하고 능률성을 확보하기 위한 조직설계 방법이다.

　　㉡ 조직구조와 복잡성의 관계: 조직의 규모가 크면 복잡성이 증대되고 갈등과 조정통합의 노력이 증대된다. 행정농도는 조직의 규모와 복잡성의 정도와 비례한다(행정농도＝참모의 수 / 조직규모).

② 집권성

　　㉠ 집권성은 조직내부의 권력배분의 양태를 말하는 것으로서 의사결정 과정에서 최고결정자에 얼마나 많은 권한이 집중되어 있느냐의 상태이며 하부층의 참여가 제한 또는 보장되지 않는다.

　　㉡ 조직구조와 집권성과의 관계: 조직규모가 확대되면 집권화보다는 분권화가 증대된다. 분권화는 인적문화(인간중심)의 강조와 하부층의 참여와 권한위임으로 대내 민주성 증진에 기여한다.

　　㉢ 집권화 요인
　　　㉮ 부서 간 자원획득 경쟁의 심화
　　　㉯ 환경변동이 심하고 유동적 또는 위기 상황 시
　　　㉰ 소규모 및 신설조직인 경우 초창기에는 강력한 리더십이 요구
　　　㉱ 권위적 리더인 경우와 참모기관과 과학기술의 발달은 리더의 능력을 강화시키므로 집권화가 증대

　　　　㉺ 조직환경 변화에 따른 획일성·통일성 및 강력한 지도력이 요구될 때

　　　　㉻ 조직 외의 일반인이 특정부문에 대한 관심이 증대되면 관리자도
　　　　　　관심을 보이면서 환경대응력 증진을 위해 집권화된다.

　　　　㉼ 예산의 절약 등 경제적인 합리성으로 조직운영이 필요할 때(오일
　　　　　　급등 및 자원난 발생 시 등)

　　　　㉽ 하위계층의 능력부족 및 능력불신

　③ 공식성

　　㉠ 개념: 공식성이란 작업이나 업무수행의 표준화 정도와 업무방식이
　　　　문서중심으로 이루어지는 정도를 말한다. 또한 공식화란 조직 내의
　　　　규칙, 절차, 지시 및 의사전달의 표준화 정도이다.

　　㉡ 공식성의 특징

　　　　㉮ 자율성과 재량성이 줄고 대안의 선택범위가 축소된다.

　　　　㉯ 규칙과 절차, 지식적 의사전달의 작용

　　　　㉰ 안정적, 예측가능성이 높은 환경과 일상기술 사용하는 대규모 조
　　　　　　직(전통관료제)일수록 공식성은 높다.

　　　　㉱ 직무가 공식화되면 자율성과 재량성이 줄어들고 대안의 선택범위
　　　　　　를 좁게 한다.

　　　　㉲ 공식성의 증대는 인적문화 중심의 조직운영과는 반비례한다.

　　　　㉳ 공식화 정도가 높을수록 구성원의 행태에 대한 예측가능성이 높다.

　　　　㉴ 공식화는 문서화 정도와 관련이 있으며, red tape과 같은 부정적
　　　　　　문제도 발생시킨다.

　　　　㉵ 공식화가 높을수록 구성원 간 분쟁이 감소된다.

(3) 조직의 상황변수

　① 조직의 상황변수로는 규모, 기술, 환경이 있다.

　② 조직과 변수 간의 관계

　　㉠ 대규모 조직은 복잡성이 증대되고, 공식성과 분권화도 증대되어 응

집력이 낮아진다.

  ㉡ 일상적인 기술을 사용하는 조직일수록 공식화는 높고 복잡성은 낮
   다(보편적인 학자들의 주장).

  ㉢ 환경이 안정적일 때, 조직의 복잡성은 낮아지고, 공식성과 집권성은
   증대된다.

◻ 변수 간의 관계

구 분	규 모	기술(일상기술)	환경(불안정적)
복잡성	비례	반비례	반비례
공식성	비례	비례	반비례
집권성	반비례	비례	반비례

02 조직의 유형별 학자들의 분류

1. A. Etzioni의 분류(복종과 통제수단에 따른 유형)

(1) 강제적 조직

① 에치오니의 강제적 조직은 조직운영의 방법과 수단이 강제적인 물리
 적 방법에 의해 통제되는 조직을 말한다. 질서목표를 추구하며, 구성
 원의 인간적 의사는 반영되지 않고 소외감을 유발시키는 조직이다.

② 교도소, 포로수용소 등 각종 수용소, 정신병원, 마약 및 알코올 환자
 의 교정시설 등이 이에 해당된다.

(2) 공리적 조직

① 물질적 보수가 조직 구성원에 대한 통제수단이자 권력의 핵심이며,
 구성원은 타산적 이해관계로 조직에 관여하는 조직이다. 조직의 목표

는 경제적인 것에 두고 있다.

② 사기업, 노조, 각종 이익집단, 엄격히 평시의 군대조직 등도 여기에 해당한다.

(3) 규범적 조직

① 조직 구성원의 주된 권력 및 통제수단은 규범과 가치이며, 조직은 문화적 목표를 추구하고 윤리와 도덕을 중심으로 높은 일체감을 갖는 조직이다.

② 이념정당, 대학교, 종교단체, 가정, 동일이념을 가진 결사조직 등

C heck
P oint

이중구조 유형
① 공리적·강제적 조직: 조직은 경제적 이익을 추구하고 구성원들은 보수받으며 조직에 참여하지만 운영방식에 있어서 구성원의 행동에 대해 매우 통제가 강하며 매우 인간적인 요소가 부족한 일 중심의 조직을 말한다(전 근대적 농장 및 공장, 미국의 이민지원자가 참여하는 닭 가공공장 등).
② 규범적·강제적 조직: 규범이 주 권력수단이지만 조직을 강제적인 방법으로 구성원을 통제하는 유형을 말한다(유사시 전 군부대와 평시의 전투부대 등).

2. Blau와 Scott의 분류(수익자 대상에 따른 유형)

(1) 호혜적 조직

① 조직 구성원 전체가 조직 활동 결과의 수혜자가 되며, 상호편익을 제공하는 형태의 조직으로서 능률성을 극대화한다.

② 이익단체, 노동조합, 정당, 각종 사적클럽 등

(2) 사업조직

① 조직의 소유자가 조직 활동의 결과로 인한 수익의 최대 수익자이자
   분배자가 되는 기업조직을 말하며 능률성을 강조한다.
② 영리를 목적으로 한 대부분의 사기업이 해당된다.

(3) 서비스 조직

① 조직과 직접적 관련이 있는 외부 고객이 수혜자인 봉사조직을 말하며,
   전문적 봉사와 행정적 절차사이에 마찰이 심하다.
② 병원, 학교, 사회봉사기관, 법률상담소, 정신병원 등

(4) 공익조직

① 조직과 관련이 없더라도 일반인 모두가 수익자인 조직을 의미한다.
② 모든 행정기관을 비롯하여 국방부와 군대, 검찰, 경찰서, 소방서 등

3. T. Parsons의 분류(체제기능적 분류)

(1) 경제조직

① 경제활동으로 생산과 분배를 위수로 하는 조직으로서 적응기능(adaptation)
   을 중시한다.
② 일반 기업, 공기업 등

(2) 정치조직

① 조직의 목표와 사회의 목표가 일치하는 조직으로서 목표달성기능(goal
   attain－ment)을 우선으로 하여 조직이 발전한다.
② 공공기관, 정당 등

(3) 통합조직

① 사회의 갈등과 혼란을 조정하고 질서유지와 안정을 목적으로 하는 조
   직으로서 통합기능(integration function)을 수행한다.
② 행정기관, 경찰조직, 법원, 국정홍보처 등

(4) 시스템 유지조직

① 사회체제를 유지하기 위해 가치창조의 역할을 수행하는 조직으로서 사회
   문화적·교육적 목적을 위주로 체제유지기능(latent pattern maintenance)
   을 수행한다.
② 학교, 각종 문화 및 종교단체 등

4. Katz & Kahn의 분류(체제의 기능을 기준)

☐ Parsons / Kartz & Kahn의 분류 비교

구 분	T. Parsons	Katz & Kahn
적응기능	경제조직: 일반회사, 공기업 등	적응조직: 연구소, 조사기관, 대학 등
목표달성기능	정치조직: 행정기관, 정당 등	경제적·생산적 조직: 일반 및 공기업
통합기능	통합조직: 행정 및 사법기관, 경찰, 정신병원 등	정치적·관리적 조직: 행정기관, 입법 및 사법부, 정당, 노동조합, 압력단체
체제유지기능	체제유지조직: 학교, 문화단체, 종교단체 등	유형유지기능조직: 학교, 자활조직, 종교단체 등

5. R. Likert의 분류

(1) 개념

참여도를 기준으로 한 분류로서 체제 I 에서 IV 에 접근할수록 조직 내 민
주적 요소가 강하여 생산성에 순기능적으로 보고 분류하였다.

(2) 유형

① 수탈적 권위체제(체제Ⅰ): 조직의 최고관리자가 단독으로 모든 결정권을 행사하고 구성원의 참여는 무시된다.

② 온정적 권위체제(체제Ⅱ): 주요 사항은 핵심주체들이 결정하고 하급자는 상급자의 승인된 범위 내에서만 제한적으로 참여가 허용된다.

③ 협의적 민주체제(체제Ⅲ): 주요사항은 상부층에서 결정하고 미리 허용된 한정된 범위의 결정사항에 대해 하급자를 참여시킨다.

④ 참여적 민주체제(체제Ⅳ): 조직의 구성원이 많은 결정에 광범위하게 참여가 허용된 체제이다.

6. Mintzberg의 분류

구 분	중심세력 및 요소	갈등조정방법 및 수단	조직구조 및 상황	특성 및 장단점
단순구조	최고 관리 층	최고 관리 층에 의한 직접 조정	• 소규모조직 • 변화가 적음	• 신축성과 적응성이 높음 • 거시적, 장기적 전략계획수립이 미흡한 구조
기계적 관료제	최고 관리 층과 기술구조	작업규칙의 표준화 및 기술수준	• 대규모조직 • 단순하고 안정적	• 효율성이 높음 • 권한과 책임규정 명문화 • 상하갈등과 환경대응력이 미흡
전문관료제	전문지식 소유계층	내면적 작업기술의 표준화, 경험과 노하우	• 중소규모조직 • 복잡한 기술적용	• 전문성이 높음 • 폐쇄적 조직분위기(환경 또는 구성원 간 상호관계가 낮음)
사업부제 구조	중간계선계층	산출의 표준화와 성과	• 대규모 조직 내의 소규모조직(수직적 분권화 조직) • 소규모 조직별 자율성 소유(할거성 구조)	• 적응성, 신속성, 민주성이 높음 자기완결 / 준자율적 단위부서 중심으로 운영 • 성과관리용이 • 부서 간 심한 경쟁유발과 마찰 소지 증대 • 종합병원의 전문분과
애드호크라시(Adhocracy, 임시조직, 동태화 구조)	전문지식 소유의 참모 중심	구성원의 합의와 상호관계	• 소규모 조직 • 고난도 기술과 전문지식의 참모가 주도	• 창의성, 민주성이 높고 구성원의 책임성 모호와 의견충돌 소지 높음

03 조직의 기술유형론

1. J. D. Thompson의 기술유형

① 길게 연계된 기술: 상호 의존관계에 있는 여러 가지 기술이 순차적으로 연계된 기술로서 표준화된 상품을 반복적으로 대량생산할 때 유용하며, 부서 간의 연계성과 상호 의존성은 연속적으로 이루어진다.

② 중개기술: 상호 의존관계에 있는 고객들과 연결되는 표준화 기술로서 부서 간 상호 의존성은 연속적이 아닌 연합성을 띤다.

③ 집약형기술: 다양한 기술의 집합체로서 다양한 기술이 개별적인 고객의 특성과 상태에 따라 다르게 배합되므로 표준화가 곤란하고 기술 및 부서 간 갈등이 수반되며 고비용을 수반하는 기술이다. 따라서 부서 간 상호 의존성은 상반되는 특성을 가지고 있다.

2. J. Woodward의 기술유형

① 소수 단일 및 단위상품 생산기술: 제품생산 과정이 복잡하고 장시간이 소요되며 대체적으로 복잡한 공정 과정과 기술이 결합된 제품에 적용되는 기술로서 개별주문에 따라 한 두 개씩만 생산하는 경우이다(선박, 우주선, 항공기 등).

② 단위 및 대량 생산기술: 단위 생산기술이면서 동일 생산품을 대량으로 생산하는 경우의 기술이다(칫솔, 라디오 등 대부분의 일반 공산품 등).

③ 복합적 생산기술: 여러 생산 과정을 거치는 연속적 공정생산기술을 필요로 하는 경우이다. 예) 화학제품, 의약품 등 대부분의 연구개발품

3. C. Perrow의 기술유형

① 일상적 기술: 작업 과정상 분석이 가능한 탐색과 예측이 가능한 경우에 소수의 예외가 결합된 기술을 말한다. 표준화된 제품의 대량생산에 관련되며, 일상적 기술을 사용하는 부서의 경우 의사결정의 대부분이 집권화된다.

② 비일상적 기술: 분석이 불가능한 탐색과 예측이 용이하지 않으며, 다수의 예외가 결합된 기술이다(원자력 추진장치 생산 및 인공위성 개발 등).

③ 기능(장인적 기술): 일상적 기술과 비일상적 기술이 공존해 있는 기술로서 분석불가능한 탐색과 소수의 예외가 결합된 기술에 관련되며, 고급 유리그릇과 공예품 같은 제품생산이 해당된다. 즉 과제의 다양성은 높고 문제의 분석가능성은 낮아 문제해결이 어렵다.

④ 공학적 기술: 분석가능한 탐색과 다수의 예외가 결합된 기술로서 공학적 기술을 사용하는 부서의 경우 과제의 다양성과 문제의 분석가능성이 모두 높게 나타나 직무수행이 복잡하다. 과제의 다양성이란 과제가 수행되는 과정에서 발생하는 예외적 사건의 빈도를 말한다(전동기와 같은 비교적 복잡성이 낮은 기술이 필요한 분야).

	예외성 적음	예외성 많음
분석가능성 높음	일상적 기술	공학적 기술
분석가능성 낮음	기능	비일상적 기술

조직이론의 변천 과정

01 조직이론변천의 의의

1. 개념

(1) 조직이론의 계보는 학자마다 분류를 달리하지만 일반적으로 고전적, 신고전적, 현대적 조직이론으로 분류한 Waldo의 것을 적용하고 있다.

(2) 미국 행정이론의 발달 과정: 과학적 관리론 → 인간관계론 → 체제론 → 현상학 → 신공공관리론

2. 조직이론 계보에 대한 학자들의 분류

(1) D. Waldo의 분류

① 고전적 조직이론(조직구조 및 능률적 관리중심): Taylor의 과학적 관리론, Weber의 관료제론, Wilson의 행정관리설, 직위분류제

② 신고전적 조직이론(인간행태 및 사회성 중심): 하버드 Mayo 교수의 인간관계론(호오손공장의 실험), 조직관리의 동기부여이론(행태론), 환경유관론

③ 현대적 조직이론(환경과의 상호작용 강조): 의사결정론(행태론), 생태론,

체제론, 상황적응론, 거시적 조직이론(환경론적 결정론과 임의론), 일
반체제이론과 중범위이론

(2) Herbert A. Simon과 James G. March의 분류: 전통적 이론과 인간관
계론, 의사결정론

(3) Amitai Etzioni의 분류: 전통적 이론과 인간관계론, 구조론

(4) Scott의 분류

① 분류: 폐쇄이론(합리적, 자연적 이론), 개방이론(합리적 자연적 이론)
② 변천순서: 폐쇄적 합리체제모형 → 폐쇄적 자연체제모형 → 개방적 합
리체제모형 → 개방적 자연체체모형

(5) Tausky의 분류: 고전적 이론, 인간관계론, 구조론

(6) Stephen P. Robbins의 분류: 체계론적 관점, 조직목표에 대한 관점,
이론의 중심적 논제, 대략의 시기 등을 참고로 하여 조직이론을 네
가지 유형으로 구분

  ① 제1유형: 고전이론에 속하는 관료제론, 과학적 관리법, 행정원리론 등
  ② 제2유형: 조직의 사회적 유의성에 유의한 분류이며, 인간관계론과 Che-
ster. I. Barnard의 이론, Philip Selznick의 제도적 이론 등
  ③ 제3유형: 조직에 대한 기계적 접근법과 인간적 접근법을 바탕으로
한 상황적 접근법, 개방체제이론, Simon의 행정행태론 등
  ④ 제4유형: 환경의 불확실성에 따른 환경과 조직의 관계를 강조하는
거시적 조직이론으로서 환경론적 임의론과 결정론 등

02 조직이론의 변천내용

1. 고전적 조직이론(과학적 관리론)

(1) 의의

① 고전적 조직이론은 경영가인 F. W. Taylor가 1900년대 초에 연구개발한 과학적 관리법으로 조직을 운영하는 전통적인 초기의 원리적 이론이다.

② 능률성과 생산성을 높이기 위해 공식적·합리적 조직관리에 중점을 두며, 환경의 영향을 무시한 폐쇄체제로서 조직의 원리, 부처편성의 기준, 관리자의 기능 등에 중점을 둔다.

③ 과학적 관리법을 기초로 한 고전적 조직이론은 행정조직에 영향을 주면서 행정개혁을 추구하였고, 행정관리설에 더욱 힘을 실어 주었다. 즉 과학적 관리학파의 연구활동은 고전적 행정학의 기틀을 다지는 데 기여하였다(관료제와 직위분류제, 조직운영원리 정착).

④ 과학적 관리론에 영향을 준 것은 급격한 행정개혁, 정치와 행정의 분리, 행정관리화 운동, 능률과 절약추구 등이다.

(2) 과학적 관리론의 등장배경

① 미국에의 청교도의 이민과 풍부한 자원으로 기업에 적용가능

② 산업혁명은 기계화, 공업화를 촉진

③ 미국의 남북전쟁은 노동력의 부족을 발생시켰고 노사분쟁이 빈번하여 경영체계정립의 필요성 대두

④ 1880년 미국 기계기사협회를 주축으로 '능률 증진 운동'이 시작되었고 그 목표는 다음과 같다.

㉠ 기업의 생산성 강조

㉡ 임금 체계의 합리화(임금 지불 방법의 합리화)

㉢ 생산 방식의 과학화

   ㉮ 과학적 관리법의 등장원인

      ⓐ 조직의 태업 방지

      ⓑ 노동과 작업능률의 증대 추구

   ㉯ 과학적 관리의 기본이념

      ⓐ 능률의 증진과 생산 비용의 절약은 대량생산체제로 해결

      ⓑ 고임금과 저노무비, 무노동 무임금제

   ㉰ 과학적 관리의 4대 원칙

      ⓐ 공정한 작업장 결정: 시간과 동작 연구를 통해 표준 작업량을 정해야 한다.

      ⓑ 작업 시 사용하는 기계·공구를 똑같이 사용하게 함으로 모든 사람이 똑같은 작업을 하도록 표준화된 작업 조건 설정

      ⓒ 차별적 성과급제: 표준 작업량 이상의 성과를 낸 사람에게는 높은 임금을 적용하고, 이하인 경우에는 낮은 임금을 적용한다.

      ⓓ 조직구조의 개선: 직계식 조직, 분배식 조직에서 직능, 기능식 조직으로 개편 설계(직계식 조직은 조직에서 계층이 존재하고 업무는 분담하지 않으며, 직능 조직은 기획부와 생산부로 분리)

(3) 고전적 조직이론의 특징

① 능률지상주의: 관리의 기술적 능률화와 절약이 조직의 최고 가치로서 과학적 관리론이 이론적 배경을 이루고 있다.

② 기계적 능률관: 인간을 기계적·기술적·합리적·경제적 수단으로 인식한다.

③ 합리적 경제인간관: 인간은 보수와 같은 경제적 요인에 집착하고 조직보다 개인의 이익추구를 우선으로 한다는 인식이다(이기적 인간관).

즉 조직 내의 인간을 경제적 유인에 의해 동기가 유발되는 타산적 존재로 가정하고 있다.

④ X론적 인간관리: 인간은 미성숙하고 피동적이며 감독자의 눈을 의식해서 행동하는 인간이므로 철저한 통제를 통해 관리해야 한다는 주장이다.

⑤ 공식적 조직관: 공식적 조직만을 인정하며 원리접근법을 중시한다(비공식조직 불인정).

⑥ 구조ㆍ기술 중심의 행정개혁에 영향: 조직ㆍ구조나 관리ㆍ기술 중심의 행정개혁에 영향을 주었으며, 목적ㆍ가치ㆍ이상보다는 수단ㆍ사실ㆍ현실을 중시한다.

⑦ 폐쇄적 환경관: 환경의 영향을 고려하지 않고 조직 내적 요인만 중시한 접근 방법으로 비판받았다.

⑧ 연구대상의 지협성: 연구대상은 생산자나 작업자 중심이며, 관리자나 리더십에 대한 연구가 결여되어 있다.

⑨ 공ㆍ사행정일원론: 고전적 조직이론은 능률성과 관리중심으로 공ㆍ사행정일원론 내지 정치ㆍ행정이원론의 입장이다.

(4) 비판

① 인간적 측면의 무시: 인적 자원을 기계와 같은 도구로 인식하여 노동력 착취로 이어질 수 있는 문제가 있다.

② 폐쇄적 조직관으로서 환경과의 상호작용을 무시하였다.

③ 동기부여의 수단을 경제적 측면만 고려했으며, 인간의 사회ㆍ심리적 특성을 고려하지 않았다.

④ 인간과 조직은 기계처럼 인식하였으므로 조직 내에 갈등요인에 대해 인식하지 않았다.

Fayol의 관리 일반이론

1. 개념

페이욜은 1916년 『산업 및 일반관리』라는 저서에서 관리 개념을 언급하고 경영과 관리의 구분을 명확히 하였다.

2. 경영활동의 분류

(1) **기술적 활동**: 제품 생산에 관련해 생산·제조·가공에 필요한 활동

(2) **영(상)업적 활동**: 영업활동, 즉 구매·판매·교환에 관련된 활동

(3) **재무적 활동**: 자원의 조달과 운영 방법에 관한 활동

(4) **보존 활동**: 인적·물적 자원을 보존하는 활동

(5) **회계적 활동**: 금전 거래 기록 활동이다. 재산목록·대차대조표·손익계산서를 작성하는 활동

(6) **관리적 활동**: 조직의 인적·물적 자원을 어떻게 투입통제시스템화할 것인지를 결정하는 과정의 활동

3. **경영활동의 과정**: 계획 → 조직화(산출의 능률화) → 지휘(명령) 시스템 구축 → 조정(인적·물적 자원의 갈등 조정) → 통제(계획상의 통제) → 계획으로 순환

Ford의 과학적 관리방법(포드시스템)

1. 의의

기업의 사회적 책임 개념 정립과 대량 생산의 기초 제공

2. Fordism 생산방법(Conveyer System, 이동 조립법 고안)

대량생산을 위한 획기적 생산방법으로 컨베이어를 통해 넘어온 부품을 단계적으로 계속 조립해 완성해 나가는 생산방식이다. 이러한 대량생산체제는 '고임금 저가격 정책'을 성공할 수 있게 됐다.

3. 네 가지 관리시스템(생산 요소)을 표준화

㉠ 제품의 단순화   ㉡ 부품의 표준화   ㉢ 기계 공구의 전문화   ㉣ 작업의 단순화

4. 비판

㉠ **인간의 기계적 종속화**: 컨베이어 시스템 등 생산기계가 문제가 생기면 생산이 중단되고 인간은 아무 일도 못하게 된다.

㉡ **동시작업 시스템의 문제**: 한 라인에서 작업이 중지되면 전 라인의 작업이 중지되어 생산에 큰 차질을 초래하게 된다.

㉢ 제품의 단순화, 표준화는 공급의 효율성은 있었지만 곧 소비자의 다양한 욕구를 충족시킬 수 없게 된다.

㉣ **노동 착취의 원인 제공**: 생산라인에서 인간은 쉬지도 못하고 떠날 수도 없는 생산 과정에서 인간은 노동의 과부하를 가져올 수 있다.

※ 테일러즘과 포디즘의 경영이념상의 차이점

① **테일러즘**: 관리적 측면 중심, 과업 관리 중심, 표준화 작업

② **포디즘**: 동시관리, 기업의 사회적, 봉사적 측면 강조

※ 과학적 관리에 영향을 준 학자

① **칸트**: 상여급제

② **길브레스 부처**: 작업 시의 동작 및 시간 연구

③ **에머슨**: 능률개념을 도입하고 능률의 12개 원칙 발표

2. 신고전적 조직이론(인간관계론)

(1) 의의

① 신고전적 조직이론은 고전적 이론의 과학적 관리법에 대한 비판을 제기하며 1930년대 하버드 Mayo 교수의 호손공장실험을 통해 인간관계론에 이론적 근거를 두고 성립·발전된 이론이다.

② 고전적 조직이론과는 달리 행정조직 내의 비공식성과 인간의 사회적 심리요인을 중시하는 이론이다.

③ 따라서 공식조직과 비공식조직과의 조화의 필요성을 주장하며 협동주의 및 집단주의를 강조하고, 생산성 향상을 위한 조직의 팀워크를 중시했다(오늘날의 인사상담제도, 제안제도 등을 성립시킴).

(2) 신고전적 조직이론의 특징

① 사회적 능률관: 사회적 모형으로서의 조직관을 가지고 있는데, 능률성의 향상은 인간의 사회적 상호작용관계에서 이루어진다고 인식하고 조직 내의 비합리적·비공식적·정서적·사회적·심리적 측면의 중요성을 중요시한다.

② Y론적 인간관리: 인간은 사회적 동물이며, 인간 사이의 관계에서 능력을 발휘하므로 생산성과 능률성의 향상요인은 인간적 대우에서 비롯된다고 보는 관리기법이다. 따라서 통제와 감독, 억압의 관리보다는 사회심리적 측면을 잘 활용한 작업자 관리에 있다고 보는 관점이다(오늘날의 의사결정에 참여, 의사소통, 위원회방식 등 민주적 조직운영에 영향을 줌).

③ 폐쇄적 환경관: 고전적 이론과 마찬가지로 환경의 영향을 고려하지 않고 조직 내적 요인만 중시한 접근방법이다.

④ 비공식적 조직관: 조직 내의 사회심리학적 측면과 인간관계를 중요시

하므로 비공식조직을 인정한다.

⑤ 환경유관론의 토대구축: 신고전적 조직이론 중 사회학적 접근방법은 환경과의 관계를 중시하여 환경유관론의 이론적 기초를 구축한 면도 있다.

(3) 비판

① 사회제도적 관점에서 인간의 본성을 파악하지 못했다는 점이다. 단지 하나의 공장에서 직원을 관찰했을 뿐이기 때문에 사회 전체로 확대·적용했을 때도 적용될 수 있는지의 문제를 가진다. 특히 노동조합에 대한 연구가 전혀 없었다.

② 비공식 조직에 있어서의 인간관계의 중요성만 연구했다는 점이다. 공식 조직을 통해 인간의 욕구를 충족시켜 줄 수도 있는데, 이런 공식 조직의 중요성에 대한 연구가 없었다. 과학적 관리법은 인간에 대한 연구보다는 기업조직에 대한 연구만 한 데 비해 인간관계는 조직이 없는 인간에 대해 연구했다.

③ 인간의 심층적 연구가 되지 않았다. 표피상의 연구만 했을 뿐 인간의 심층구조를 본질적으로 파악하지 못했다.

④ 노동자들의 심리를 이용하여 노동을 착취한다는 '젖소의 사회학'의 주장에 의한 비판과 노동의 대가인 물질에 너무 소극적 평가에 대한 비판으로 백색사회주의로 불린다.

Check

Point

인간관계론의 호오손 공장 실험 내용

(1) 호오손 실험(Hawthorne Experiments)

　1924 ～ 1932년까지 서부 전기 회사의 호오손 공장의 근로자를 대상으로 한 실험으로 4차례의 실험이 5년에 걸쳐 실시되었다. L. Mayo 교수는 「산업 문명에 있어서 인간문제」(1933)라는 저서에서 조직에 있어서 인간의 심리적 특성에 대해 저술했다. F. Roethlisberger는 「경영과 근로자」(1939)라는 저서에서 기업경영에서의 인간문제를 저술했다.

---

(2) 가설
① 물리적 작업 조건(작업 방법)을 개선시켜 주면 생산성이 증가할 것이다.
② 휴식 시간을 증가시켜 주고 노동시간을 단축시켜 주면 피로가 감소하고 작업에 대한 단조로움이 감소할 것이다.
③ 개인별 인센티브 시스템을 도입하면 산출이 증가할 것이다.

(3) 실험
① 조명실험
㉠ **가설**: 조명이 밝으면 생산성이 높아질 것이다.
㉡ **대상**: 여공 집단
㉢ **실험**: 조명도와 생산성과의 상관관계를 실험하였으며, 통제집단(조명도 일정 유지)과 실험집단(조명 점차 밝게 해 줌) 간의 생산성 비교
㉣ **결론**: 상관관계 없다.
② 계전기 조립실험
㉠ **가설**: 작업조건이 좋아지면 생산성이 높아질 것이다.
㉡ **대상**: 6명의 여공
㉢ **실험기간**: 1927 ∼ 1928년까지 2년간 실시
㉣ **실험**: 6명의 여공에게 직무수행의 중요성을 인식시켜 줌(직무에 대한 긍지감 부여함). 비공식 조직의 리더를 자신들이 결정함(협조관계를 이룸).
㉤ **결론**: 상관관계 있다. 인간관계와 작업의 성과에 영향을 준다. 자신의 업무에 대한 긍지, 성취, 인정감을 주고 심리적 욕구를 충족시켜 준다면 생산성은 향상된다.
③ 면접실험
㉠ **기간**: 1928 ∼ 1930년
㉡ **실험**: 현장에서 일하는 공장 근로자와 사무직원에게 직무 환경, 감독자의 리더십, 경영, 정책 등에 대한 인식을 조사했다.
㉢ **결론**: 작업자의 태도, 감정 등의 심리적 요인들이 생산성에 영향을 준다. 물리적 환경보다 인간관계의 심리적·사회적 환경이 생산성 향상에 더 중요하다는 것을 말해 준다.
④ 배전기권선 실험
㉠ **기간**: 1930∼1932년
㉡ **대상**: 배전기권선공 14명
㉢ **결론**: 비공식 조직의 인간관계, 즉 직무수행의 심리적 요인은 생산성에 영향을 주며 비공식 조직의 특성이 나타난다. 직무를 수행하면서 자신들이 비공식적으로 만든 규칙에 따라 작업을 수행하는 것을 알 수 있었다.

(4) 실험결과 요약
① 작업능률을 좌우하는 것은 물리적 조건뿐 아니라 종업원의 심리적 요인이 중요하다.
② 종업원(개인)의 태도나 감정을 좌우하는 것은 임금, 작업환경보다는 개인의 사회적 환경, 사내의 세력 관계(파벌)에 의해 영향을 받는다. 다시 말하면 비공식조직이 개인의 감정이나 태도에 영향을 주고 작업의 결과에도 영향을 준다는 말이다.

(5) 실험의 공헌
① '인간관계론'이라는 학문적 이론을 정립
② 종업원의 심리적 욕구를 충족시켜 주는 것이 생산성에 영향을 준다는 것을 발견하고 동기유발이라는 새로운 개념이 탄생했다.
③ 조직의 인간관계, 즉 비공식조직의 중요성을 인식하게 했다.

3. 현대적 조직이론

(1) 의의

① 현대조직이론은 고전적 이론과 신고전적 이론을 통합하여 환경과의 상호작용을 중시하면서 조직전체를 하나의 분석단위로 인식하는 체제론적 관점의 이론이다.
② 전통적(고전적, 신고전적 조직이론) 이론은 정태적 이론으로서 복잡하고 다양한 사회현상을 설명하는 데 한계가 있으므로 환경과 조직 간의 관계를 중시하는 동태적인 이론이 대두되었다.

(2) 특징

① 개방체제적 조직관: 조직은 환경에 적응하고 상호작용이 끊임없이 이루어지는 개방체제로 인식하였다. 따라서 상황에 따른 조직의 변화를 중시한 조직의 생존력 증가, 효율성을 추구한다.
② 다원적 가치기준: 조직을 중심으로 한 가치기준의 획일성을 추구한 전통적 조직이론과는 달리 개인에 대한 다양성을 인정하고 이들의 가치기준의 다원성을 인정했다.
③ 거시적·체제적 접근: 현대조직을 체제로 보고, 거시적인 관점에서 환경과 작용하는 조직으로 바라보았다
④ 현대조직이론은 전통적 조직이론(고전적 조직이론과 신고전적 조직이론)과 별개로 인식하지 않았으며, 두 이론의 통합을 추구하는 가운데 공식적·비공식적 요인을 함께 고려한다.
⑤ 복잡한 인간으로의 인식변화: 현대조직에서 나타나는 인간의 유형은 복잡한 인간형으로 인식하고 구속에서의 탈피, 자유신망, 자아실현추구 욕구가 강하므로 이에 따른 관리전략의 필요성을 역설하고 있다.
⑥ 조직의 동태적 측면 중시: 관료제적 조직의 효율성을 그대로 수용하면

서 환경 변화에 대응력이 높은 동태적 특성의 조직을 선호하고 있다.

⑦ 조직 발전에 관심: 조직의 변동과 갈등에 관심을 집중하며 조직 발전에 대한 관심과 노력을 경주하는 동태적 이론이다(조직 발전(OD)문제, 기관형성 리엔지니어링, 리스트럭쳐링 등 개혁추구).

03 조직과 환경

CHAPTER

01 조직과 환경과의 관계

1. 의의

(1) 조직은 환경으로부터 에너지, 지식, 정보, 물적, 인적자원 등의 투입을 통하여 생존유지가 가능하다. 따라서 환경과의 상호작용이 필수적인 개방체제이다.

(2) 조직과 환경과의 경계는 뚜렷하며, 조직 경계 밖의 모든 것을 환경이라 한다.

(3) 조직연구에서 개방시스템이 도입된 이후 조직은 생존에 능동적이지 못한 관점에서 환경과의 상호작용을 중시하였고, 따라서 조직 환경은 조직의 목적 달성을 위해서 투입물을 제공해 주며 산출물을 소비해 주는 핵심적인 요인으로 인식하고 연구해 왔다.

2. 조직환경

(1) **내적 환경**: 조직 내적인 분위기를 말하는데, 조직의 목표, 규모, 문화, 구성원들의 가치관, 역사, 업무절차, 리더십 등 다양한 요소를 포함하고 있다.

(2) 외적 환경: 과업환경과 일반환경으로 나눌 수 있는데, 과업환경은 조직의 단위별 활동에 연결되어 영향을 주는 것(고객, 물자공급, 경쟁조직, 계층과의 관계 등)이며, 일반환경은 개별 단위조직에 직접적인 관계보다는 조직전체에 미치는 조건(정치 · 경제 · 사회문화적 · 기술적 환경 등)을 말한다.

3. 환경변화의 단계(Emery & Trist)

(1) 정적 · 임의적 환경(제1단계): 가장 환경이 단순하고 환경구성요소가 안정되고 변화가 거의 없는 환경을 말한다(완전경쟁시장 상태의 환경 등).

(2) 정적 · 집약적 환경(제2단계): 어느 정도의 안정된 환경요소와 요소들의 결합 상태는 일정한 유형으로 조직화 되어 있는 상태의 환경이다(불완전경쟁시장 상태의 환경).

(3) 교란 · 반응적 환경(제3단계): 환경의 동태성에 따라 타 조직과의 경쟁과 상호작용이 활발히 이루어지고 있는 환경이다(독과점 상태의 환경).

(4) 격동의 장(제4단계): 환경의 변화가 매우 심하고 미래 예측이 어렵고 조직의 대응력을 절실히 필요로 하는 상태의 환경이다(소용돌이의 장으로서 현대조직에서의 행정환경, 탈관료적, 동태화 조직이 강조).

02 환경과 현대 행정조직(특징)

1. 현대 행정조직의 특징

(1) 대규모성: 현대 행정조직은 공무원의 수의 증가와 예산의 확대, 비대해지는 현상을 띠고 있으며, 광역화 현상과 중앙정부와 지방정부와의

관계도 다양성과 복잡성을 나타내고 있다.

⑵ **전문화·계층성의 증대**: 현대행정조직의 거대화는 업무의 전문화와 계층성이 증대하고 있다.

⑶ **조정과 통합의 강조**: 행정조직은 서로 조정과 통합을 바탕으로 조직의 목표달성에 노력한다(부서 간의 조정과 통합은 효율성과 능률성을 증진시킴, 예로 중국 음식 입시 부서별 산재되어 있는 검역 기능과 체계의 조정통합이 필요).

⑷ **관료조직화**: 행정의 전문성과 질을 높이기 위해 자격을 갖춘 직업 공무원을 중심의 관료제가 발전하게 된다.

⑸ **동태화 추구**: 행정환경의 변화의 다양성은 행정조직의 기동성과 신속성, 대응성을 요구하므로 조직의 쇄신을 요구한다.

⑹ **민주성 구현**: 현대 행정조직의 기능과 권한의 증대는 행정통제와 책임이 절실히 요구되고 있으며, 국민에 대한 행정의 책임성을 확보하기 위한 민주통제뿐만 아니라 조직 내 민주주의 실현과도 관련된다.

2. 조직의 환경적응전략

(1) Selznick의 전략유형

① **적응적 변화**(adaptive change): 환경변화는 독립변수, 조직은 종속변수로 보고 환경변화에 따라 조직을 적응(안정과 발전추구)해 나가는 전략으로서 행정환경변화(행정수요 및 국내외적 상황변화)에 대응하는 조직개편이 이에 해당된다(소방방재청 설립, 감축관리, 예산개혁, 성과중심적 조직운영 등).

② **적응적 흡수**(cooptation)
  ㉠ 조직의 생존성과 발전을 위해 외부요인을 조직 내로 영입하는 것을 말한다. 즉 조직이 안정과 존속을 유지하고 안정과 존속에 대한 위

협을 회피하고 조직의 발전을 도모하기 위하여 조직의 정책이나 리더십 또는 의사결정기구에 환경의 새로운 요소를 흡수하여 적응하는 과정이다.

ⓛ 외부요인이란 그 조직의 생존에 영향을 줄 수 있는 조직에 속해 있던 인재를 조직의 구성원(임원 또는 이사급)으로 편입시켜 정상적인 생산활동에 참여하기보다는 조직에 대한 위협과 불안정성을 해소시키고 위협조직에 대해 이들의 영향력을 활용하는 전략이다(S그룹에서 검찰의 수뇌부를 임원급으로 영입한 경우, 공직자 퇴직 후 취업제한제도는 반대의 개념).

(2) Scott의 완충전략과 연결전략

① 완충전략(buffering strategy): 외부조직의 영향을 그대로 수용할 경우 조직의 생존에 위협 또는 소멸위기가 발생할 수 있기 때문에 외부조직의 요구를 수용하고 적응하면서 그 영향력과 파급효과를 최소로 만드는 전략이다. 오늘날의 국제정치 및 경제환경 등의 급변화는 정부의 능동적인 완충전략이 더욱 요구된다.

ㄱ 분류(coding): 환경으로부터 유입되는 수요 또는 요구 등에 대해 분석, 분류하고 투입에 대해 대응할 수 있는 처리 부서를 정하는 것이다.

ㄴ 비축(stock): 조직에 필요한 자원을 평소에 저장해 놓음으로써 환경변화에 대응하려는 것이다.

ㄷ 형평화(leveling): 조직에 대한 투입과 산출이 집중되지 않도록 조절하는 것인데, 특히 조직(체제)에 투입되는 다양한 요구를 균형화시켜 조직이 잘 감당할 수 있는 조직의 생존전략이다.

ㄹ 예측(predicting): 환경변화에 대응하기 위하여 경험을 통해 환경의 영향을 받기 전에 미리 예측하여 준비(각종 자연재해에 대응하는 행정준비 등)하는 것을 말한다.

ㅁ 성장(growth): 환경이 필요한 기술요소를 확장하는 것을 말한다.

② 연결전략(bridging strategy): 어느 한 조직이 조직의 생산성, 생존성과 관련 있는 외부집단과의 관계를 조직이 원하는 방향으로 재구성하는 전략이다. 행정수요의 다양성과 급변화는 국정의 효율성과 정부조직 자체의 신뢰성이 문제가 되면서 정부가 민간단체 등과의 새로운 관계모색이 절실하다. 다음은 외부조직과의 연결방식이다.

　㉠ 권위주의: 외부조직을 억압으로 통제하는 방식이다.

　㉡ 지　원: 중심조직과 외부조직과의 연결방식이 중심조직의 지원을 받는 외부조직의 활동을 통제하는 방식을 취한다(정부와 관변조직과의 관계).

　㉢ 합　병: 중심조직이 스스로의 적응능력을 신장시키기 위해 외부 작은 조직들을 흡수하는 방식으로서 외부 경쟁집단의 위협을 해소하기 위함이다(대기업들의 중소기업의 합병).

　㉣ 계　약: 중심조직이 외부조직에게 중심조직의 해야 할 일을 계약을 통해 위탁하는 방식의 관계이다(쓰레기 처리 등 민원업무의 대행).

　㉤ 경　쟁: 중심조직에 속해 있는 조직들의 서비스 질을 높이기 위해 조직의 법적 지위를 바꾸어 외부조직과의 경쟁을 유발하는 방식이다(민영화 방식, 자율경영 강조 등).

3. 기관형성

(1) 개념 및 의의

① 기관형성은 에스만과 블레이즈 등에 의하여 제기된 것으로 기관이란 변동을 유도하고 변동을 보호하는 공식적 조직인 것이다. 그러므로 기관형성이란 새로운 조직과 제도를 창설하거나 조직을 개편, 기획, 지도하는 과정을 말한다.

② 기관형성이란 조직의 기관화, 즉 조직이 사회적 활동을 통해 사회의

많은 저항을 극복하고 지지와 원조를 획득함으로써 자신의 존재 의미를 확보하고 조직 내외에 그가 표방한 가치를 침투, 확산시킴으로써 독자적인 존재가치를 가지는 기관으로 발전하는 변화 과정을 뜻한다.

③ 기관형성은 의도되고 계획된 변화를 향해서 인도한다는 뜻에서 안내모형이라고 할 수 있다. 여기서의 안내라는 말은 의도된 방향으로 이끌고 간다는 뜻이다. 기관형성은 특정의 새로운 조직이 변화를 창출하고 창출된 변화를 보호하여 결국 그 변화가 주위환경으로부터 지지받고 환영받는 상태로 변화하는 과정을 이야기한다.

④ 안정적이고 다원화된 선진국에서는 제도나 가치관이 이미 확립되어 있기 때문에 사회의 여러 가지 많은 요구를 다룰 수 있으나 신생국에서는 쇄신적 성격을 가진 행정기관도 별로 없고, 기관의 발전도 불균형적으로 이루어지고 있으므로 환경의 지지를 받으면서 사회가 당면한 문제를 해결하고 쇄신적 활동을 계속할 수 있는 능력을 가진 기관을 형성·발전시키는 기관형성전략은 매우 중요한 의미를 갖는다.

⑤ 따라서 선진국에서는 기관형성전략은 사회의 균형적 발전을 저해할 수 있다는 차원에서 바람직한 발전전략으로 인정되지 않고 있으나 개발도상국에서는 발전행정론적 입장에서 적극적인 국가발전의 전략으로서 기능해 왔다. 한국에서 기관형성에 성공한 대표적인 사례로는 서울대학교 행정대학원·국립의료원·가족계획사업·새마을 사업 등을 들 수 있다.

(2) 기관형성론의 대두배경

① 기관형성론의 정립에 주도적 역할을 한 것은 1962년 미국 피츠버그에서 발족된 '기관형성에 관한 합동연구사업(Inter-University Research Program in Institution Building)'이었다.

② 학자들이 1962년 11월 피츠버그대학교에 모여 기관형성에 관한 여러 모형의 대안을 놓고 기관형성을 통한 접근방법의 발전방안을 논의하였다.

(3) Milton J, Esman과 기관형성론자들의 명제

① 모든 발전 과정은 여러 가지의 변화 또는 혁신의 도입과 수용을 포함한다. 이 경우에 혁신은 새 기술일 수도 있고 여러 가지 행동유형 또는 개인과 집단 간 관계의 변화일 수도 있다.
② 모든 혁신은 변동의 역군에 의해서 의식적으로 유도된다. 이 경우 변동의 역군이란 그러한 행동이 그들 스스로나 사회를 위해서 유익한 것이라고 믿는 개인 또는 집단을 말한다.
③ 유도된 혁신은 그 발전행동의 요새(developmental enclave)로서 공식조직이란 매개도구를 요한다. 이러한 공식조직에 있어야만 갖가지의 필요한 자원을 동원해서 혁신을 이룩하고 보호하며, 또한 그들의 고객과 사회전체에 대하여 이를 전파하고 확산할 수 있기 때문이다.

(4) 기관형성의 목표

① 가치관, 역할, 자연과학적 기술 및 사회적 기술의 변화 도모: 물리적 변화뿐만 아니라 규범, 행동양식, 인간관계에서 일어나는 질적 변화도 포함되는데, 오히려 질적 변화를 더 중요시한다. 변화는 자연적 변화가 아니라 인간 의지에 의하여 나타나는 계획된 변화이다.
② 새로운 규범과 행동양식을 정립하고 육성 보호
③ 환경의 지지와 협조: 기관형성으로 인한 변화는 주위환경으로부터 지지를 받고 환영받는 상태로 되어 가야 한다.

(5) 기관형성의 변수

① 내적 변수(기관변수)
 ㉠ 지도력(리더십): 기관의 목표를 설정하고 기관의 내외적 요인을 통제하는 지도자를 말한다. 지도력의 결정요소는 지도자가 가지고 있는 정치력, 전문성, 관리능력, 지도철학, 조직력 등이 있다. 이러한 지

도력은 기관형성을 좌우하는 주 변수가 된다.

ⓛ 기관목표 또는 지도이념: 기관이 지향하는 기본적인 가치, 목표, 방향이다.

ⓒ 기관의 활동(사업): 기관이 존립과 사회전반에 영향을 줄 수 있는 산출물을 생성해 내기 위한 구체적인 활동(사업프로그램)이다.

ⓔ 재원(자원): 기관의 활동, 즉 사업이 가능하도록 해 주는 다양한 재원을 말한다(인적, 물적, 기술적 자원 등이며 정보도 포함된다).

ⓜ 기관구조(내부구조): 기관의 목표달성과 활동에 적합하게 조직화된 구조와 절차 등을 말한다(편제, 상하 간의 권력배분관계, 의사전달구조, 비공식조직, 조직문화 등).

② 외적변수(연계변수, linkage variables)

ㄱ 수권적 변수(授權的, enable variable): 외부조직과의 관계를 나타내는 변수로서 외부조직이 대상 기관에게 필요한 여건(권한 또는 재원)을 주는 대신 그 기관을 조정, 통제하는 것을 말한다.

ⓛ 기능적 변수(機能的, functional variable): 기관의 기능과 유사한 외부조직이나 사회체계와 관계되는 변수이다.

ⓒ 규범적 변수(規範的, normative variable): 기관이 추구하는 이념 또는 가치나 목표와 같은 규범적인 요소와 유사한 규범요소를 추구하는 외부조직과의 관계를 말하는 변수이다.

ⓔ 확산적 변수(擴散的, diffused variable): 불특정 다수인 일반대중에 확산되어 영향을 주는 관계이다(여론 또는 언론매체 등에 의해 확산).

(6) 기관형성의 평가(기관성 지표, Institutionality): 기관형성의 성공 여부 판단기준

① 자율성(autonomy): 기관(조직)이 외부조직에 대해 독립성과 독자성을 가진 정도나 능력을 말한다. 상대적으로 영향력을 발휘하고 통제나 제한을 받지 않는 정도로서 상대적 자율성이 높아졌다면 기관형성은 잘된 것으로 평가된다.

② 생존성(survival): 기관형성으로 조직의 생존력이 증가하였다면 그 기관형성은 성공한 것이다.

③ 영향력(influence): 기관형성이 외부조직에 미치는 영향정도로서 기관형성의 성공여부를 판단해 주는 기준이 된다.

④ 파급효과(diffusion): 기관의 규범, 가치관 및 행동양식이 외부조직에 파급되는 정도로서 파급효과가 크다면 기관형성을 성공한 것으로 평가할 수 있다.

03 거시적 현대조직이론

1. 환경론적 결정론(환경에 수동적 입장의 조직관)

(1) 구조적 상황론(상황적응이론)

① 구조적 상황이론은 환경을 독립변수, 조직은 종속변수로 보고 환경은 조직이 변화시킬 수 없기 때문에 조직이 환경에 적응해야 조직의 생존력과 효율성을 높일 수 있다고 보는 타율적 입장이다.

② 조직은 환경변화에 따라 조직구조의 설계와 관리방법을 달리해야 한다는 관점으로서 조직에 맞는 고정된 유일하고 최선의 방법은 없다고 본다(중범위이론).

③ 중범위이론은 어느 특수한 경우나 상황에만 설명과 적용이 가능한 이론이다. 상황적응이론도 중범위이론에 속하는데, 항상 어느 경우에나 적용되는 조직구조와 관리방법은 없으며, 그때그때마다 다르게 대처해야 한다는 것이다.

④ 예 한국의 재난방재청의 설립, 911사태 이후의 미국의 대테러부대 강화 등

⑤ Lawrence, Lorsche가 대표적 학자이며, 분화와 통합을 강조했다.

(2) 조직군 생태학

① 조직군이란 환경에 대해 생존을 위해 모인 유사 조직구조를 가진 동 종조직의 집합체를 말한다(유질동상, 동형이질의 원칙). 예로 밀림지대 에서 사슴, 얼룩말 등 단위적 동물(조직)은 사자(환경)와 같은 동물에 대해 대적할 수 없으므로 군집생활을 통해 환경에 적응해 가며 살아 간다.

② 생태계의 이론인 자연도태론을 조직분야에 적용하여 조직구조와 환경 과의 적합도가 조직의 도태와 관련 있다는 것으로 환경요인이 환경에 적합한 조직의 유형을 오히려 선택하게 된다고 보는 이론이다(적자생 존과 자연도태). 따라서 조직의 관리자를 주어진 환경에 무기력한 존 재로 본다.

③ 조직은 자체적인 관성으로 인해 변화하기가 쉽지 않으며, 개별 조직 은 환경적응능력이 떨어진다고 본다.

④ 조직변화에 대한 내적 제약요인으로 매몰비용, 정보부족, 고착된 정치 적 구조 및 오래된 조직역사 등을 들 수 있다.

⑤ 조직군 생태학이론의 군의 이론이며, 분석단위는 다양하게 개인, 하위 조직, 조직, 조직군, 지역사회별 조직 등의 차원에서 분석가능하다.

⑥ 조직목적은 목표달성보다는 생존이 우선이며, 시스템 관리도 합리성 보다는 생성적(creative) 특성을 중시한다.

⑦ 대표적 학자는 H. E. Aldrich, T. Hannan & Freeman이다.

(3) 조직경제학

① 거래비용경제학(거래비용모형, 합리적 선택 신제도주의, 시장과 위계이 론): 거래비용을 최소로 하려는 인간의 노력에는 한계가 있으며, 제약 조건이 많아 환경에 적응하는 상황을 설명하는 이론이다.

ⓐ 거래비용은 사전거래비용(정보획득 및 협상비용)과 사후거래비용(상대에 대한 감시 및 감독비용, 거래관계유지비용)에 경제적인 측면에서 조직의 효율성을 강조한 이론이다.

ⓑ 소유자와 관리자, 관리자와 부하, 공급자와 생산자, 판매자와 구매자 간의 관계에서 발생하는 거래비용 등을 분석하고 최소화하려는 조직화의 원리를 밝히고자 하는 이론이다.

  ㉮ Coase: 시장의 기능은 오히려 거래비용을 증가시키므로 기업과 관료조직의 성립은 거래비용을 줄여 주는 수단으로 보고 있다.

  ㉯ North: 제도를 인간행동의 기준으로서 불확실성을 감소시킬 수 있는 기능을 가지고 있다고 간주하였다.

ⓒ 조직의 환경에 대한 수동적인 관점에서 조직경제학은 조직도 환경(제도 등 인간행위의 규칙)에 적응하였을 때 거래비용을 최소로 하여 조직의 효율성은 증대된다는 것이다.

ⓓ 특성

  ㉮ 인간을 이기적·기회주의적으로 행동하는 주체로 전제하고, 시장에서의 개인 및 조직 간 거래를 미시적으로 분석한다.

  ㉯ 시장의 불확실한 상황은 조직이 이러한 불확실한 환경에 적응해야만 하는 수동적 존재로서 인식된다.

  ㉰ 미래의 환경은 복잡성과 불확실성이 높으므로 조직이 거래비용을 감소시키기 위해 시장자체보다 거래를 관리하고 정보흐름을 다루는 능력이 높아야 한다. 따라서 기술과 상품의 생산보다 교환·거래관리에 중점을 둔다.

  ㉱ 계층제적 조직구조는 개인적 기회주의 행위를 억제시키고 집단이익을 추구하여 조직의 실패를 감소시킨다. 기업의 경우에는 시장기능이 완전경쟁상태에서는 시장메커니즘을 통하여 필요한 자원을 조달하게 되나, 그렇지 않을 때는 기업은 위계조직을 통하여 자원을 조달하고 조직의 제반 문제를 해결한다.

  ㉲ 윌리엄슨은 의사결정 비용(조직 내 거래비용)을 극소화하기 위해

서는 조직관리방법을 U형(Unitery, 단일구조) 관리에서 M형(Multi
-divisional, 다차원적 구조) 관리로 전환해야 한다고 주장했다.

ⓤ 대표적 학자는 Williamson, Coase, North이다.

② 대리인 이론

ⓐ 주인(국민-소송의뢰인)과 대리인(공무원-변호사)관계에서 대리인은
주인보다 더 많은 정보를 가지는 정보의 비대칭성의 문제 때문에 주
인은 대리인을 찾게 되며, 계약당시 상대방에 대해 잘 모르는 정보
의 비대칭성은 역선택과 대리인의 도덕적 해이로 문제시되고 있다.

ⓑ 대리인 이론은 위임자와 피위임자 간의 관계에 관한 경제학적 모형
을 조직연구에 적용한다.

ⓒ 역선택(逆選擇)과 도덕적 해이(道德的 解弛)

㉮ 역선택: 대리인에 대한 정보의 부족으로 잘못된 대리인을 선택한
경우.

㉯ 도덕적 해이: 대리인의 도덕적 문제를 말하는 것으로서 위탁을 받
은 대리인이 계약조건을 불충실하게 이행하거나 자신의 이익만을
추구한 경우 발생한 손실을 대리손실이라 하며 도덕적 해이로 대
리손실은 불가피하게 발생한다.

ⓓ 조직경제학에서 대리인이론을 설명하는 이유는 역선택과 도덕적 해
이를 해결하지 않으면 조직의 행위비용을 증가시켜 조직의 효율성
을 감소시키기 때문이다. 즉 대리인의 역선택과 도덕적 해이는 환
경으로서 조직이 잘 해결해 나갈 때 조직의 효율성은 증대된다.

ⓔ 행정에서 대리손실을 최소로 하기 위해 대리인에 대한 충분한 유인
보상체계가 필요한데 정부의 제도적 방안으로서는 주민참여, 정보
공개제도, 행정절차법, 내부고발자보호법, 입법예고제도 등이 있다.

ⓕ Jensen과 Mackling에 의해 제기된 이론이다.

(4) 제도론

① 조직론에서의 제도론은 조직의 운영 및 현상 등이 제도에 따라 영향을 받거나 규정할 수 있다는 이론이다. 여기서 제도란 구제도론과 신제도론에서 말하는 법률, 규정 및 행위의 규범, 규칙, 가치체계 등을 모두 포함하고 있다.

② 조직의 구조는 사회문화적 신제도주의 관점과 마찬가지로 조직이 속해 있는 체제의 사회문화의 여러 요소와 제도에 조직이 얼마나 적합한지에 관심을 두고 있다. 즉 조직의 내부구조설계는 자신의 생존성과 효율성, 정당성을 인정받기 위해 사회문화적 기준과 규범 및 가치체계 등과 같은 환경의 영향에 따라 조직되거나 그러한 기준에 적합하도록 순응해 나가야 한다는 것이다(구조기능론적 관점).

2. 환경론적 임의론(환경에 능동적인 입장의 조직관)

(1) 전략적 선택이론

① 전략적 선택이론(Strategic choice theory)이란 조직의 구조는 환경변화에 잘 적응하고 능동적으로 대처할 수 있도록 관리자들의 능력에 따라 전략적으로 선택되고 결정된다는 자율적 이론이다. 즉 관리지의 재량적 결정이 오히려 환경을 능동적으로 결정한다고 본다.

② Child는 구조적 상황이론에 대해 비판을 가하면서 전략적 선택이론을 주장하였는데, 구조적 상황이론은 관리에 의한 전략적 선택의 가능성을 무시하고 있다고 하였다.

③ 조직을 운영하는 관리자의 능력에 초점을 맞춰 관리자의 자유재량영역의 존재와 조직환경에 대한 영향력을 중시한 이론이다. 즉 조직구조설계와 운영에서의 의사결정자와 직접 관련자들의 자유의지와 능력에 의해 이해관계나 가치는 변화할 수 있으며 이들의 활동영역에서

정치적 과정의 산물로서 파악한다.

(2) 자원의존모형

① 자원의존모형(Resource dependence theory)은 조직에 필요한 자원의 부족을 극복하기 위해 능동적으로 핵심자원을 통제하고 전략적으로 상황과 환경의 제약조건을 극복할 수 있다고 주장한다(세계유류파동과 같은 에너지난의 극복을 위한 정부의 에너지 절약대책 등).

② 자원의존이론에서는 자원을 획득하고 유지할 수 있는 능력을 조직생존의 핵심요인으로 강조하고, 조직의 생존성 증진을 위한 능동적인 노력을 강구한다. 따라서 환경과의 어떤 관계유지가 필요하고 어떤 조직 간의 상호 의존적인 관계가 필요한가에 대한 인식과 관계형성에 주력한다.

③ 조직의 효율성을 높이기 위해 환경에 대한 자원의존도와 불확실성을 감소시키는 것을 강조하며, 조직 관리자들이 조직의 생존을 보장받기 위하여 환경의 제약으로부터 더욱 많은 자율성과 재량권을 확보할 수 있도록 회소자원에 대한 통제를 통해 의존관계를 관리해 나간다. 즉 희소자원에 대한 관리자의 통제능력이 조직의 역량을 결정한다.

④ 현실문제에서 예를 들면 중앙정부와 지방정부 간의 자원공조, 지방정부와 지역 내 단체 간의 협력관계, 광역행정에서의 자원의 합리적 공유와 활용, 광역행정처리의 활성화 등이다.

(3) 공동체 생태학이론(공동전략이론, 조직 간 네트워크이론, 전략적 네트워크이론)

① 공동체 생태학이론(Community ecology theory)은 조직을 상호 의존적인 조직군 속에서의 한 요소로 파악하고 공동체를 이루어 환경에 능동적으로 적응하는 과정을 설명하려는 이론이다(예) 과거 대소련에 대한 서방국가의 군사동맹(NATO)체제 등).

② 조직 간의 공동전략으로 환경에 적응하는 과정을 설명하고 조직 간의 관계도 규명하려는 사회생태학적 관점의 이론이다.

③ 관리자 간의 상호작용적 역할을 강조하며, 조직들이 상호 간에 호혜적인 관계를 형성하는 이유는 필요성, 불균형성, 호혜성, 효율성, 안정성, 정당성이다.

분석수준	타율적, 수동적 이론	자율적, 능동적 이론
개별 조직 관점	구조적 상황론(상황적응론)	전략적 선택이론, 자원의존이론
집단 조직 관점	조직군생태학 조직경제학 (거래비용이론, 대리인이론) 제도이론	공동체 생태학

04 CHAPTER

조직의 원리

01 조직의 원리

1. 의의

(1) 조직의 원리란 조직목표를 효율적·합리적으로 달성하기 위해 고전적 조직에 적용했던 조직구조의 편제 등에 관한 원칙과 원리를 말한다.

(2) 과학적 관리론이 행정에 도입되면서 조직을 목표달성을 위한 수단으로 간주하면서 조직의 편성과 관리에 중점을 두고 그 원리모색에 노력하였다.

(3) 조직의 원리는 원리주의 접근으로서 조직에 이미 존재해 있는 원리를 밝혀내고자 학자들의 노력이 이어졌다.

(4) 그러나 인간관계론자나 Simon에 의해 비판을 받았는데, 사이먼은 조직의 원리가 지나치게 규범적이며 과학성과 경험적·실증적·이론적 측면에서 많은 한계가 있다고 지적하였다.

2. 분업화(전문화)의 원리

(1) 개념

① 전문화(분업화)란 업무를 종류별·특성별로 나누어 놓고 한 사람이 동일한 업무를 반복하게 함으로써 능률성과 효율성을 제고하기 위한 원리이다.

② 분업화는 반복업무를 가져오므로 업적 권태감을 수반할 수 있는 반면에 횡적, 수직적 인사이동으로 무기력감을 극복할 수 있게 한다.

③ 현대 행정국가는 대규모 조직과 과중한 업무를 수행하면서 전문적이고 기술적인 측면에서 분업을 강조하게 되었다.

(2) 분류

① 수평적 전문화와 수직적 전문화
  ㉠ 수평적 전문화(횡적분화): 조직의 편제를 횡적으로 분류한 것이다(직무확대).
  ㉡ 수직적 전문화(수직적 분화): 상급자와 하급자 또는 상급기관(중앙정부)과 하급기관(지방정부)으로 분류한 계층성을 말하며, 계층분화의 고정성으로 인한 비효율성을 막기 위해 직능 또는 권한을 하부에 분산시키는 것이다(허즈버그의 직무충실)

② 업무의 전문화와 인간의 전문화
  ㉠ 업무의 전문화: 업무를 세분화하고 단순화시켜 기계적·반복적 업무로 능률성을 추구한다.
  ㉡ 인간의 전문화: 사람을 교육과 훈련을 통해 전문능력을 갖추도록 하는 것이다.

(3) 장점

① 능률성 향상과 업무의 질적 개선을 가져올 수 있다.
② 인간의 지식과 기술의 능력을 보완해 준다.
③ 신규 전입자에 대한 교육훈련의 단축과 업무의 표준화를 기할 수 있다.

(4) 단점

① 동일한 업무의 반복으로 업무에 대한 흥미감소와 인간을 무기력하게
   만들 수 있다(오히려 지나친 전문화·분업화는 비능률적 요소도 내포).
② 전문화가 심화될수록 갈등이 발생한
   경우 조정·통합이 어려워진다.
③ 환경변화나 업무관계에 대한 예측능력을 저하시키고 다른 대안을 모
   색하는 데 신속하지 않으며 비효율적일 수 있다.

3. 계층제의 원리

(1) 개념

① 계층제 원리란 직무를 권한과 책임의 정도에 따라 상하로 계층화하고
   상하 계층(계급, 계서) 간에 지휘·명령·복종 관계로 조직을 운영하
   는 원리를 말한다.
② 관료제 조직은 피라미드형 수직적인 계층제를 이루고 있으며, 계층제
   는 계선조직을 중심으로 형성된다(예 장관 - 차관 - 국장 - 과장 - 계장
   - 계원).

(2) 계층제의 특징

① 조직 규모와의 관계: 조직의 규모와 계층 수는 비례하고 대규모 조직일

수록 계층제는 높고 업무는 정형화되고 일상반복적인 업무를 수행한다.

② 조직 전문화와의 관계: 계층 수가 확대되면 전문화와 업무의 다양성이 증대된다.

③ 통솔범위와의 관계: 통솔범위가 넓어지면 계층의 수는 적어지고, 통솔범위가 좁아지면 계층의 수는 많아진다.

④ 업무의 성격: 높은 계층일수록 비정형적·비일상적 업무, 낮은 계층일수록 정형적·일상적·반복적 업무를 수행하는 것이 일반적이다.

(3) 순기능

① 조직의 질서와 통일성의 확보가 이루어지며 지휘·명령, 상하 커뮤니케이션의 공식적 통로 역할을 한다.

② 조직목표의 설정과 업무배분, 감독, 조정, 통제의 통로이다.

③ 능률성과 책임성의 한계를 규정하며 승진의 경로가 되어 구성원의 동기부여·사기를 증진시킨다.

(4) 역기능

① 계층 수가 높을수록 의사전달의 왜곡과 조직분위기가 경직되기 쉽다.

② 상부층의 집권화가 초래하고 이에 구성원은 자율성보다는 의존성향으로 무사안일주의와 형식주의, 눈치 보기 등 관료의 병리현상을 초래하기 쉽다.

③ 계층성의 심화로 인한 전문화는 조직 간의 할거주의를 초래할 수 있다.

4. 통솔범위의 원리

(1) 개념

① 통솔범위란 한 사람의 상관이 효율적으로 직접 통솔할 수 있는 부하

의 수를 말한다.

② 상관의 부하관리는 일정한 범위와 한계가 있어야만 효율성이 확보되므로 이에 대한 원리를 말한다.

(2) 통솔범위와 조직의 계층성

① 통솔범위와 계층성과는 반비례한다. 즉 계층성의 심화된 조직일수록 위임이 많이 이루어져 통솔범위는 좁아진다.

② 대기업과 가내수공업을 비교할 때 가내수공업 사장은 직접 생산자를 통제하므로 통솔범위는 넓지만 계층이 높은 대기업의 회장은 수많은 직원을 직접 관리할 수 없으므로 이사급 정도만 감독하고 위임으로 인해 통솔범위는 좁아진다고 볼 수 있다.

(3) 통솔범위의 결정요인

① 시간적 요인: 신설된 조직보다 기존의 조직 또는 안정된 조직일수록 통솔범위는 넓어진다(시간적 측면이 아닌 일반적으로는 신설조직은 집권화와 함께 통솔범위를 넓게 가지려 하는 성향).

② 공간적 요인: 부하가 공간적으로 분산된 것보다는 밀집되어 있을 때 범위가 넓어진다.

③ 업무적 요인: 업무의 성격이 단순·반복적·정형적·저난도 기술·비전문성일 때 통솔범위는 넓어진다.

④ 인적(구성원) 요인: 관리자와 부하의 능력, 인간관계, 사기가 높을수록 통솔범위는 확대된다.

⑤ 기타 요인: 참모의 역할이 증대되거나 정보시스템과 같은 관리기술의 발달은 통솔범위를 넓혀 준다.

5. 명령통일의 원리

① 명령통일의 원리란 한 사람의 상관으로부터만 명령을 받고 보고가 이루어져야 한다는 것이다.
② 명령통일의 원리는 조직 내의 위계질서와 업무의 일관성, 신속성이 확보된다.
③ 계선 내의 지휘 및 책임소재를 명확히 할 수 있는 원리이다.
④ 한 상관에 대한 지나친 충성심의 강요와 복종체계는 할거주의나 타부서 또는 참모 간의 관계에서 조정 및 통제의 어려움이 발생할 수 있다.

6. 조정의 원리

(1) 개념

① 조정이란 조직의 목표를 달성하기 위하여 하위 조직들이 행동통일과 조화를 이루는 것이며, 조화를 이루도록 하는 원리가 조정의 원리이다. 즉 조정은 조직의 전체목표를 달성하기 위한 조직 내 부서 간, 계층 간 협력과 통합(연결)의 질을 의미한다(수직적 조정기제와 수평적 조정기제).
② 전통적 관료제는 절차와 규칙을 중요시하지만 현대조직에서는 조정과 통합을 중시한다.
③ 현대행정 전문화의 심화로 중요성이 증대되었고 조직의 제 원리는 조직의 공동목표를 달성하기 위한 수단적 원리인데 Mooney는 조정의 원리를 조직의 원리 중에서 '제1의 원리'라고 주장하였다.

(2) 조정의 저해요인

① 행정조직의 대규모성과 전문화 성향: 행정조직의 규모가 확대되고 업무의 다원화, 전문화는 그만큼 복잡성을 수반함으로써 조정을 어렵게 한다.

② 할거주의(sectionalism): 전문화는 할거주의를 낳는데, 할거주의란 자신의 업무나 소속기관을 우선시하고 다른 기관에 대하여 배타적 입장을 취함으로써 조정과 협력이 어려워지는 현상이다.

③ 그 밖에 목표·이해 관계의 대립, 관리자의 능력 및 의욕결여, 계선과 참모 간의 갈등, 정치적·사회적 영향, 인지·태도의 차이 및 비쇄신성, 의사전달체계의 미흡, 권한 및 책임의 불명확, 이해관계의 차이 등이다.

(3) 조정의 방법

① 권한 및 책임, 목표의 명확화: 각 구성원의 권한 및 책임한계와 목표를 명확히 설정해 주어 갈등·대립을 사전에 방지한다.

② 계층(계급적 통제)과 조정기구, 회의 및 위원회를 통한 조정이 있다.

③ 사전계획 및 사후환류에 의한 조정: 사전에 수립된 계획에 의한 조정이며, 결과에 따른 새로운 정보 전달에 의한 조정을 말한다.

④ 절차의 정형화와 규칙제정: 정형화된 절차는 조정을 가능케 할 수 있으며, 규칙을 통해서도 조정이 가능하다.

⑤ 그 밖에 의사전달체계의 개선, 공감을 주는 아이디어의 제시방법, 인사조치, 교육훈련 및 설득, 비공식조직의 활용 등이다.

(4) 조정 기제

① 수직적 조정(연결) 기제: 수직적 연결은 조직의 상하 간 활동을 조정하는 연결 장치이다. 수직적 연결 장치로서 계층제, 규칙과 계획, 계층직위의 추가, 수직정보시스템이 있다(Daft).

　㉠ 계층제: 수직연결 장치의 기초는 계층제, 명령체계이다.

ⓛ 규칙과 계획: 반복적인 문제와 의사결정에 대해서는 규칙과 절차를
마련하여 상위계층과 직접적인 의사소통 없이도 부하들이 대응할
수 있게 해 준다. 규칙은 조직 구성원들이 의사소통 없이도 업무가
조정될 수 있도록 표준정보자료를 제공한다. 계획은 조직 구성원들
에게 좀 더 장기적인 표준정보를 제공해 준다.

ⓒ 계층직위의 추가: 처리할 문제와 의사결정이 많아지면 관리자의 업
무부담이 늘어나게 됨으로 수직적 계층에 참모 등 직위를 추가함으
로써 통솔범위를 줄이고 의사소통과 통제를 가능하게 한다.

ⓔ 수직정보 시스템: 상관에 대한 정기보고서, 문서화된 정보 등을 통한
정보의 효율적 이동으로 상하 간 수직적 의사소통을 강화한다.

② **수평적 조정(연결) 기제**: 조직부서 간 수평적인 조정과 의사소통의 양
을 말한다. 환경이 급변하고 기술이 유동적이며 조직목표가 혁신과
유동성을 강조할 때 수평적 조정장치는 특히 중시된다.

㉠ 정보시스템: 부서 간 정보를 공유할 수 있는 통합정보시스템이 필요
하다.

ⓛ 직접 접촉: 한 단계 높은 수평연결 장치로서 연락책 등을 활용한 부
서 간 의사소통 및 조정을 추구한다.

ⓒ 임시작업단: 여러 부서 간의 연결은 임시작업단과 같은 복잡한 장치
가 필요하다. 각 부서대표로 구성된 임시위원회로서 일시적 문제에
대한 부서 간 직접조정에 효과적이다.

ⓔ 프로젝트 매니저: 좀 더 강력한 수평연결 장치로서 수평적 조정을
담당할 정규직위를 두는 방식이다. 사업관리자, 산출물관리자, 브랜
드관리자라고도 부른다. 이 조정자는 특별한 인관관계 기술이 요구
되고 조정을 위한 전문지식과 설득력이 요구된다.

ⓜ 프로젝트 팀: 가장 강력한 수평적 연결 장치로서 사업팀은 영구적인
사업단으로 관련 부서 간의 장기간 강력한 협동을 요할 때 적합한
장치이다

02 부처 편성의 원리

1. 의의

(1) 개념

부처조직이란 행정수반 직속하에 합리적·체계적으로 편성된 횡적·종적인 모든 행정기관을 말한다.

(2) 특징

① **통합형**: 부처조직은 계층제적 구조를 통하여 행정수반을 비롯하여 일선의 말단에 이르기까지 통합성이 확보되어 있다.
② **단독형**: 부처조직은 행정의 신속성·능률성·책임성을 확보하기 위하여 단독제의 형태를 원칙으로 하고 있다.

c heck
p oint

조직의 운영원리
1. 분업의 원리
   ① 전문화의 원리(분업화)
   ② 부성화의 원리(동질업무의 부서화)
   ③ 기타 참모와 계선의 분리 및 기능명시의 원리 등

2. 조정의 원리
   ① 계층제의 원리　　② 명령통일의 원리
   ③ 통솔범위의 원리　④ 조정의 원리(분화된 활동의 조정통합)
   ⑤ 기타 집권화 및 목표중시의 원리 등

2. 부처편성의 기준

(1) 목적·기능별 기준

① 개념: 국방·교육, 외교 등의 목적 또는 기능을 기준으로 중앙정부 부처를 편성 및 조직한 것으로 가장 전통적이며 일반적인 방법이다.

② 장점
  ㉠ 업무의 통합적·종합적 조정이 가능하다.
  ㉡ 부처 간의 기능상의 갈등방지에 효과가 높다.
  ㉢ 부처별 책임의 한계를 명확하게 할 수 있다.
  ㉣ 정부활동의 목적과 기능에 대한 국민의 이해증진과 책임소재에 따른 국민의 비판과 참여가 가능하다.
  ㉤ 행정목표가 명확하고 관련된 모든 행정단위가 한 책임자의 직접통제하에 업무의 신속한 처리가 가능하다.

③ 단점
  ㉠ 정부활동의 모든 부문을 중복되는 일 없이 소수의 주요기능으로 나누고 목적·기능별 기준만으로 나눈다는 것은 합리적으로 불가능하다.
  ㉡ 부처별로 영역이 명확하게 구분되어 할거주의화로 협조·조정이 어렵다.
  ㉢ 자기 부서업무와 관련 없는 것은 절내 관여하시 않고 나 부처로 미루는 현상이 발생한다.
  ㉣ 기능별 절차준수의 엄격화로 최신기술이나 전문가의 활용이 곤란하다.
  ㉤ 중앙집권화를 가져오며, 중앙 부처 중심적 행정으로 국민의 행정기관 근접성이 떨어진다.

(2) 과정·절차별 기준

① 전문기술이 필요한 조직에 주로 적용하는 기준으로서 과정·절차 또

는 기술·수단·방법에 따라 부처를 편성하는 방법이다.

② 행정의 전문화, 복잡화로 그 필요성이 증대되었고, 그 예로서는 감사원, 특허청, 통계청, 예산실, 기상청, 시험연구기관 등이 있다.

③ 장점

    ㉠ 분업·전문화 추세에 맞추어 최신기술을 분업의 원칙에 따라 최대한으로 이용할 수 있다.

    ㉡ 기술적 업무가 필요한 부처에 고도의 전문기술을 발전시키는 데 적합하다.

    ㉢ 전문직 공무원의 육성과 전문인력의 개방형 직위제도를 확대, 발전시켜 준다.

④ 단점

    ㉠ 전문적 행정업무에만 적용되며, 전문화로 인하여 타 부처 및 조직 내의 조정이 어려워진다.

    ㉡ 목적보다 기술적 수단을 중시하고 전문가의 아집 등으로 인해 관리자의 리더십 발휘와 민주통제가 곤란해진다.

(3) 수혜자·고객별 기준

① 수익자(고객), 취급대상물 등 행정객체를 대상기준으로 부처를 편성한다

    ㉠ 고객중심: 국가보훈처, 병무청, 보건복지가족부(부녀복지과, 여성부) 등

    ㉡ 취급대상물중심: 산림청, 중소기업청, 관세청 등

② 장점

    ㉠ 국민의 민원행정을 대상으로 행정의 대응성을 높인다.

    ㉡ 국민을 위한 사무조정 및 행정간소화 구현으로 서비스 증진에 기여한다.

    ㉢ 생산량의 계량화 및 실적평가가 용이하여 행정책임을 달성할 수 있다.

    ㉣ 분산된 정부업무를 분야별로 집중처리가 가능하므로 효율성을 높여 준다.

③ 단점

ㄱ 모든 조직과 행정사무에 적용하는 분류기준으로는 부적당하며 행정객체(수익자)의 다양성으로 부처조직의 지나친 세분화를 가져온다.

ㄴ 편성의 중복으로 기관 간의 권한중복으로 책임회피가 나타날 수 있다(보건복지가족부, 식품안정청 등의 식품위생에 관한 기능의 중복).

ㄷ 행정객체의 명확성으로 관련 이해집단의 지대추구 및 포획현상에 관료조직의 손상이 발생할 수 있다.

ㄹ 동일한 부처에서 다양한 기능이 수행되므로 업무기술의 전문성 저하와 전문가의 양성이 어렵다.

⑷ 지역·장소별 기준

① 행정활동이 이루어지는 장소·지역을 기준으로 부처를 편성하는 방법이다.

② 중앙부처 내부(외교통상부의 국(局), 과(課) 단위조직으로서 미주과, 아시아태평양과 등) 또는 일선기관(시·군·구 및 세관·세무서·경찰서)의 편성기준이 된다.

③ 장점

ㄱ 대상지역 내의 행정업무의 조정과 통제를 촉진시켜 주민의 요구에 부합되는 지역중심의 행정구현이 가능해진다.

ㄴ 중앙부저의 업부량의 감소와 규모의 경제를 실현한다.

④ 단점

ㄱ 지역중심의 행정이므로 전국적인 통일된 정책수립과 집행이 어렵다.

ㄴ 중앙부처와의 연계된 정책이 아닌 지역의 이익을 중시한다.

ㄷ 중앙의 권한의 공백만큼 지역의 정치·압력단체의 활동에 의하여 행정이 좌우될 수도 있다.

ㄹ 경계상에서 발생된 업무에 대한 인접 기관의 책임회피 등과 갈등이 발생할 수 있다(범죄검거 등).

CHAPTER 05 행정조직의 구조

01 관료제 이론

1. 관료제의 개념

관료제는 지극히 다의적·불확실한 개념이지만 일반적으로 관료제의 개념은 조직의 이론적·이상적 모델인 M. Weber의 관료제를 중심으로 논의하는 것이 바람직하다. 즉 동태적 개념을 강조하는 현대조직이론에서 유기적 조직과는 반대되는 계층성과 대규모성의 기계적 조직을 의미한다고 볼 수 있다.

(1) 구조적 측면

① 관료제의 특성: ㉠ 계층성의 대규모 구조 ㉡ 전문화·분업화된 조직 ㉢ 합법적 권위의 지배 원리 ㉣ 법규 강조 등의 특성을 지닌다.
② 관료제의 보편성과 순기능: 관료제의 보편성과 순기능으로 정부조직 및 기업 등 대규모의 모든 사회조직에서도 관료제가 적용되고 있다.

(2) 기능적 측면

① 조직목표달성의 기여: 관료제는 조직의 목표달성에 합리적·능률적 기능을 가진 조직으로서 인식하고 있다.

② 관료제의 역기능: 관료제는 순기능이 있는 반면에 역기능적·병리적 요소가 있음을 인정한다.

③ 관료제의 권력성: 관료제란 정치권력을 장악하고 있는 특권집단화 조직으로서의 권위주의화할 수 있는 기능적 측면이 있다.

    ㉠ 관료주적 권위주의 요소 내재: 행정관료가 정치권력을 장악함으로써 국민에게 비민주적으로 군림하고 특권집단화 의식을 갖는 요소가 많다.

    ㉡ Claire의 행정통치: 행정관료가 통치기능을 소유하기 있기 때문에 관료제를 행정통치라고 지적하고 있다.

2. 관료제의 유형

(1) M. Weber의 분류(지배유형에 따른 분류)

① 가산관료제　　　② 카리스마적 관료제　　③ 합법(리)적 관료제

(2) F. H. Mars의 분류(역사적 발전 과정을 기준)

① 교도관료제 ② 신분관료제　③ 정실관료제　④ 실적관료제

(3) A. Gouldner의 분류(조직규칙에 대한 구성원의 태도에 따른 분류)

① 대표적 관료제: 관리자와 종업원 간의 합의에 의하여 결정된 조직규칙에 대하여 고도의 적극적·자발적 동조의식을 가지고 행동하는 관료제 유형을 말한다(재사회화 현상).

② 징벌중심적 관료제: 합리적인 규칙이나 평소 인식하지 않은 규칙에 대해 종업원들에게 징벌로써 복종을 강요하는 관료조직형태이다.

③ 명목적 관료제: 조직규칙에 대해 관리자가 수행되지도 않을 뿐만 아니라 종업원도 준수하지도 않는 경우의 관료유형이다.

3. Weber의 관료제

(1) 이론적 특성

① 이념형: 현존하는 관료제의 속성을 모두 설명할 수 있는 이론은 아니며, 가장 특징적인 것만을 뽑아서 정립한 이론적·이념적 모형이다.
② 보편성: 공조직과 사조직을 막론하고 계층구조를 지닌 모든 대규모조직에서는 관료제의 특징과 형태를 가지고 있다.
③ 합법성·합리성: 관료제조직은 법 앞의 평등의 합법성을 추구하며, 조직의 목표달성을 위해 계층성을 통해 효율적·능률적으로 조직을 운영할 수 있는 이상적 조직으로 인식한다.

(2) 지배유형

① 전통적 지배와 권위(가산적 관료제): 권위의 정당성은 과거로부터 내려오는 전통·관습 등에 있다고 보고 지배자의 권력의 신성함에 대한 신념을 기초로 세습되는 지배 유형과 권위이다. 안정적 조직에 유용하지만 환경에 대한 대응력은 부족한 지배유형이다.
② 카리스마적 지배와 권위: 지도자의 비범한 자질과 능력에 의한 지배가 정당화되는 지배유형과 권위로서 위기 시에 주로 나타나며, 지배양식은 비합리성보다는 기회적 합리성에 속한다.
③ 합법(리)적 지배와 권위: 권위의 정당성을 합법적인 법규나 질서에 기초하며 오늘날 대부분의 민주주의 국가의 지배유형에 해당된다.

(3) 근대관료제의 성립 및 발달요인

① 화폐경제의 발달: 관료제의 특징 중의 하나는 급여를 받고 종사하는 것에 두고 있기 때문에 화폐경제의 발달은 관료제 성립과 발달에 기여하였다.

② 행정업무의 양적 확대·질적 변화: 행정업무의 양적 증대와 질적 변화는 이를 해결하기 위한 조직유형을 필요로 하게 되었다.

③ 관료제 조직의 기술적 우위성: 관료제 조직은 합의제·명예직제·겸직제에 비하여 정확성·신속성·통일성·지속성·신중성·복종의 강요·능률성 등이 우수하며 물적·인적 비용의 절감과 같은 기술적 이점을 가지고 있다(특히 기술관료제).

④ 물적 관리수단의 집중화: 물적 수단을 집중관리하여야 하는 행정업무는 예산제도의 성립으로 관료제에 의해 관리통제가 필요로 하게 되었다.

⑤ 법 앞의 평등성: 행정기능과 관료 간의 경제적·사회적 차별의 평균화가 전제되어야 관료제는 발전할 수 있다.

(4) Weber 관료제의 특징

① 법규의 지배: 관료의 직무, 권한의 배분 및 자격요건이 명확하게 법규에 규정되어 있으며 모든 직무수행은 법규에 따라 수행된다(관청적 권한 소유).

② 고도의 계층성: 수직적 계급의 층이 높으며, 상하 간 지배 복종관계가 엄격한 조직이다.

③ 문서주의와 공사의 분리: 직무수행은 철저하게 문서에 의해 공식화되어 있으며, 공사를 엄격히 구분한다

④ 전문지식의 강조: 관료의 전문적 자격과 지식이 요구되는데, 전문성은 관료의 합법성을 인정하는 기초가 된다.

⑤ 능률성: 관료제는 조직의 능률성을 추구하기 위한 이상적 모형으로서 고안되었다.

⑥ 전임직에 기초: 관료라는 직업은 부업이 아닌 생활수단으로서의 주직업이며 전체적 노동력을 요구함으로써 겸직도 금지한다.

⑦ 고용관계의 자유계약성: 고용관계가 쌍방의 자유의사에 따른 자유로운 계약을 형성한다.

⑧ 관료의 특성: 몰인간화, 비정의성(비개인주의, impersonalism), 객관성, 합리성, 법제화, 표준화, 형식주의 등을 가지고 있다.

4. Weber이론에 대한 비판과 수정

(1) 1930년대 이후 미국사회학자와 인간관계론자에 의한 비판과 수정

① 조직 내의 공식적 측면만을 강조하고 비공식적 측면 무시(P. M. Blau: 자생집단의 순기능을 강조)
② 관료의 역기능 내지 병리적 기능을 경시(R. K. Merton: 동조과잉현상 주장)
③ 베버는 지나친 합리성을 강조하였으며 불합리한 경우에도 조직에 순기능적인 측면을 강조하고 보완 및 수정(P. M. Blau)
④ 환경요소를 고려하지 않고 관료 내부문제만을 강조하여 환경변화에 변화 적응하지 못하는 경직성과 폐쇄성을 띤다고 비판(P. Selznick: 흡수이론으로 보완수정)

(2) 1960년대 이후 발전론자에 의한 주장과 전면적 비판

① 명확한 관청배분의 한계: 법규에 의한 명확한 관청적 권한의 배분은 오히려 창의성을 저하시켜 사회변동을 전제로 하는 국가발전에 걸림돌이 된다.
② 계층제적 특성: 상하 간의 수직적 지배·복종관계를 강조하는 관료제의 계층제와 계층기능적 참여, 하의상달, 분업 등의 측면으로 인식하고 있는 발전론자들의 계층제 차이가 있었다.
③ 관료의 전문적 지식 및 기술의 문제: 발전론자들은 국가 및 사회전반의 발전에 초점을 두고 있는 반면에 관료제는 전문지식과 기술을 지나치게 강조하여 시야가 편협되어서는 안 된다는 것이다.

④ 전임직의 문제: 전임직을 중심으로 하나 임시체제(Task Force, Project Team)도 적극 운용하여 전문직업인으로서의 자율성을 부여하고 충성과 능력을 발휘하도록 하여야 한다고 주장했다.

⑤ 법규지배성의 문제: 엄격한 합법성의 강조보다는 합목적성을 인정하고 형식적 합리성의 배제와 법률의 신축적인 개정도 필요하다.

5. 관료제의 역기능과 병리현상

(1) 번문욕례, 문서중심주의(Red Tape), 형식주의 초래

관료제에서는 책임의 한계를 명확히 하기 위하여 주로 문서에 의한 업무처리를 강조하지만, 번문욕례, 문서량의 과잉, 형식주의 등의 현상이 나타난다.

(2) 동조과잉과 수단의 목표화

조직목표달성에 지나친 규칙준수의 강조는 관료들이 목표보다는 달성 수단으로서의 규칙·절차에 지나치게 집착하여 동조과잉이 발생하며 수단이 목표로 되는 경우를 발생시킨다.

(3) 전문화로 인한 무능

전문화의 강조는 타 분야에 대한 이해의 부족을 가져와 자기중심적, 할거주의를 초래한다.

(4) 할거주의

관료는 자기가 소속한 조직에 대한 우월주의로 타 조직단위에 대해 관심을 갖지 않으려 하기 때문에 다른 조직에 대한 배려를 하지 않음으로써 업무상 협조·조정이 잘 되지 않는 현상을 발생시킨다.

(5) 인간성 및 인격의 상실

법규성의 강조로 인한 몰인간 및 비정의성, 무관심, 냉담 등으로 조직 내의 인간관계가 형성되기 어려워 조직 구성원의 사기가 떨어진다(X론적 인간관).

(6) 무사안일주의와 변화에 대한 저항 성향

관료는 문제해결에 적극적·쇄신적 태도보다는 책임을 지지 않으려 할 뿐만 아니라 개혁 등과 같은 변화에 매우 둔감하며 보수적 저항의식이 잠재되어 있다.

(7) 책임회피와 상급자에 대한 의존 경향

상관은 부하에게 책임을 전가하고 부하는 책임을 회피하기 위하여 상관의 지시에만 의존하는 경향을 보인다.

(8) 관료적 독선주의

권력성·계층성·전문성 등으로 인하여 관료의 특권집단의식을 조장시키며 국민에게는 민주성을 외면하고 권위주의적 태도로 일관할 수 있다. 행정의 윤리와 책임성이 강조되며 외부통제를 강화하여 민주성을 증진시켜야 한다.

(9) 기타 병리현상

관료의 정치와의 연계로 인한 권력추구와 출세주의, 관직의 사유화 경향, 정실주의, 공익의 경시 등이 있다.

관료제의 병리현상에 대한 학자들의 견해
① Merton: 지나친 법규강조로 동조과잉은 목표전환과 형식주의 초래
② Selznick: 권한의 위임과 전문화는 관료의 전문능력과 목표달성에 기여하지만 부서별 하위목표에 집착하고 이해관계의 대립을 초래
③ Goulner: 합리적 통제수단인 규칙이 지나친 통제위주의 관리로 전환
④ Thomson: 관료제의 역기능과 병리현상이 관료조직의 안정성 결여와 불안의식의 결과로 인식
⑤ Blau: 조직 내 인간 사이에서 사회관계적 불안정성이 동조과잉, 의식과 형식주의, 변화에 대한 저항 등의 병리현상을 초래
⑥ Janowitz: 관료제 조직운영이 민주적이지 못하면 전제적 관료제로 변화된다.
⑦ Down: 관료조직사회는 영역투쟁의 장이다.

관료조직의 병폐현상과 관련된 주장
① Peter의 원리: 관료조직에서는 신분보장으로 인해 승진은 반복, 보장되고 이러한 승진으로 무능한 관료의 승진도 가능하고 관료는 더욱 무능해진다는 이론이다.
② Veblen의 주장: 관료조직은 새로운 상황과 조건에 적응하지 못하고 훈련받은 대로 또 규칙에 따른 행동을 하는 경직된 조직분위기는 오히려 '훈련된 무능'을 초래한다.
③ Parkinson의 법칙: 관료조직은 업무량에 따라 부하의 수가 증가해야 하는데, 업무량에 관계없이 부하의 수를 늘리려는 세력확장의 속성을 나타낸다(국가위기 또는 전시에는 업무의 증가와 공무원 수의 증가는 비례한다는 면을 간과했다는 비판을 받음).

6. 관료제의 쇄신

관료제는 조직의 목표달성에 매우 효율적인 조직유형으로서 인정되고 있으며, 오늘날에도 내규모조직으로시 존속되고 있다. 따라서 관료제의 병리현상을 쇄신시켜 국가발전에 기여하는 조직으로서 발전시켜 나가야 한다. 관료제의 쇄신방향에 대해 Thomson의 견해는 다음과 같다.
① 직업지향성을 통한 자율성 구현
② 조직 내에 쇄신적 분위기 조성과 구성원의 쇄신적 행태변화 추구
③ 운영 과정에서의 상벌 및 유인제도의 조화
④ 지나친 개인간섭주의 탈피와 재량성과 권한위임, 의사전달의 원활화
⑤ 지나친 업무적 효율성 집착에의 탈피

7. 관료제의 장·단점

(1) 장점

① 전문화: 전문 영역에서 지속적으로 일함으로 능력을 향상시킬 수 있다.

② 구조화: 직무의 범위·책임과 권한의 범위 등이 구체적으로 서술되어 있다.

③ 안정성과 미래예측 가능성: 직업성 보장과 앞으로의 승진과 보수에 대해 예상을 가능케 한다.

④ 합리성 추구: 개인적 의사결정보다는 집단적 의사결정을 해야 하기 때문에 합리성이 보장된다(그러나 잘못된 관행이나 결정을 개인이 번복하여 수정할 수 없다는 문제점이 있다).

⑤ 제한된 민주성 보장: 개인의 평가는 한 개인의 자의적·임의적 평가보다는 객관적 자료에 의해 검증되며, 능력·근속연수·근무태도 등에 의해 개인의 평가가 이루어지므로 민주성이 가미되었다.

(4) 단점

① 책임의 전가: 업무의 구분이 명확하지 않은 직무에 대해서는 기피하거나 타 부서에게 넘기려는 경향이 많다. 또한 상하 간의 책임전가가 많이 발생할 수 있다.

② 개인의 창의성과 발전 저해: 관행에 의해 어쩔 수 없이 해야 하는 업무가 발생하는 경우 개인의 창의성과 개성을 저해시켜 개인적 발전이 저해된다.

③ 의사전달의 하향성: 계층적 관계로 하향적 커뮤니케이션이 이루어지며 상부층에 권한이 많이 집중되어 있다. 의사결정 과정에서의 참여와 같은 민주적 요소가 미흡하다.

④ 지나친 인간의 합리성 중시: 인간의 개인적 특성을 고려하지 않기 때문에 개인의 경직성을 조장한다(X론적 인간관리, 몰인간화 등).

02 관료제와 민주주의

1. 관료제와 민주주의의 관계

(1) 관료제의 민주주의에 대한 공헌

① 민주적 목표의 설정 및 달성: 조직의 민주적 목표는 고도의 기술적 합리성과 능률성을 지닌 관료제를 통해서 달성될 수 있다.

② 법 앞의 평등 확립: 관료제는 보편주의에 입각하여 정실이나 자의에 의한 개별주의를 배격하고 누구나 법 앞에 평등하게 공평한 행정을 구현한다.

③ 공직임용의 기회균등: 관료제는 전문적 지식·실적·능력에 따른 기회 균등의 관료의 임용을 중시한다.

④ 국민에의 봉사조직: 국가발전이나 경제발전을 추구하는 절대적인 조직은 관료제 이외는 없었다는 것이 역사적으로 경험된 사실이다.

(2) 관료제의 민주주의에 대한 저해요인

① 권력의 집중: 대내적으로는 소수의 관료에게 권력과 권한이 집중되어 있으며, 대외적으로는 관료의 기술 및 권력의 독점으로 국민에 대해 권력의 불균형을 초래하여 민주성을 저해한다.

② 관료의 특권집단화: 국민의 이익보다 관료 내부의 이익을 추구하는 특권집단화 의식이 강하다.

③ 행정중심적 통치성향: 정치행정발전에 있어서 행정의 불균형 발전은 행정위주의 통치가 만연하다.

④ 과두제의 철칙: R. Michels이 주장한 것으로서 소수 간부의 권력욕구로 인하여 부하의 의견을 무시하는 현상이 나타나며 권력집중이 강화된다.

⑤ 정책권력의 기형적 형성: 행정에 권력이 집중되고 과두제의 철칙이 지배적이면 관료제의 정책영역이 지나치게 비대화된다.

⑥ 임의단체의 비민주적 보수화: 관료권의 확대는 사회 내지 관료영향권의 임의단체를 점차적으로 비민주적 보수화시킨다.

(3) 관료제와 민주주의의 조화방안

① 대외적 민주성 방안: 외부통제장치의 강화(행정구제제도, 행정공개원칙, 행정절차법의 공개 확산, 입법부와 사법부의 통제 강화, 국민참여 등)

② 대내적 민주성 방안: 행정의 분권화, 권한의 위임, 행정윤리의 확립, 행정책임과 내부통제의 강화 등

Check Point

Lipsky의 일선관료

1. 개념

일선관료란 고객과 직접 접촉을 통해 행정업무수행이 이루어지는 관료를 말하며, 지방행정기관(특히 민원업무), 법관, 경찰, 소방, 교육공무원 등이 해당된다.

2. 특징

(1) 일선행정관료들이 처한 업무상황은 다양하거나 복잡하며, 재량성도 높다.

(2) 일선행정관료들이 업무수행과 관련하여 인간적인 차원에서 처리해야 할 상황이 매우 많다(민원업무).

(3) 일선행정관료들이 실질적으로 공공정책을 만드는 경우는 거의 없으며, 상향적 정책집행접근이 중시된다.

(4) 일선행정관료들은 고객의 요구에 따라 매우 정형적으로 대하려고 하며, 민감한 반응(적극적인 자세)을 보이지 않는다.

(5) 업무량에 비해 인적·물적 자원이 매우 열악한 편이며, 사기저하를 가져온다.

(6) 재량성은 통제의 미흡과 더불어 부조리의 원인이 될 수 있다.

03 공식 조직과 비공식 조직, 소집단

1. 공식 조직과 비공식 조직의 의의

(1) 공식 조직의 개념

법률·규칙·직제의 의하여 조직화되고 조직의 목표달성을 위하여 제도화된 인위적·의도적·법적 조직을 의미한다.

(2) 비공식 조직의 개념

공식조직과는 대조된 개념으로서 인간의 사회심리학적 측면에서 동질성과 집단의 성향이 같은 구성원들의 자발적, 자생적으로 형성된 조직을 말한다. 비공식조직은 반드시 공식조직하에 존재하며, 각종 사모임 등이 이에 해당한다.

(3) 비공식 조직의 형성요인

① 개인적·인간적 욕구의 발현
② 공식조지이 비인격성·비인간성에 대한 문제 해결
③ 공식조직으로 해결하지 못하는 문제해결을 위한 필요성 증대(계층조직의 한계)
④ 공식적 관계와 현실적 관계 사이의 갭이 존재
⑤ 공식조직 내 혈연·지연, 취향, 속성 등을 중심으로 한 모임성격

2. 비공식 조직의 순기능과 역기능

(1) 순기능

① 조직에 대한 귀속감·안정감·만족감으로 사기와 생산성 향상에 기여한다.
② 개인적 욕구불만의 배출구로서 갈등을 해소해 주는 역할을 한다.
③ 공식조직이 갖는 경직성을 완화시킬 수 있으며, 비공식적 의사전달의 통로로서 역할을 한다.
④ 구성원 간의 지식 및 경험의 공유와 협조로 업무에 도움이 된다.
⑤ 개인에 대한 비공식조직의 규범성과 영향력은 구성원의 현실적인 행동기준·규범을 확립하여 준다.
⑥ 조직의 리더나 관리자의 명령·능력의 결함을 보완하는 역할을 해 준다.
⑦ 비공식조직을 통한 각종 정보를 획득시켜 리더십을 강화시켜 줄 수 있다.

(2) 역기능

① 인간의 배타적인 감정으로 비공식 조직 간이나 비공식 조직과 공식조직 간의 갈등으로 조직운영에 부정적인 작용을 할 수 있다.
② 개인적 불만을 비공식 조직을 활용하여 집단적 불만으로 확대시켜 공식조직의 기능에 부담을 줄 수 있다.
③ 각종 루머의 발생지가 되고, 비공식적 의사전달로 인한 정보의 왜곡 등이 초래된다.
④ 비공식 조직이 인사문제나 조직운영에 압력단체화 할 우려와 정실행위가 만연될 우려가 있다.

3. 소집단

(1) 개념

소집단이란 상호 대면적이고 직접적으로 의사전달을 하는 제한된 수(일반적으로 15명 이내)의 소규모의 인간집단을 의미한다. 비공식집단이 소집단은 아니며 공식집단의 경우도 규모와 여러 가지 특징을 기준으로 소집단으로 보는 것이다.

(2) 소집단의 특징

① 대면적인 관계를 가진다.
② 구성원 간의 사회적 상호 의존작용이 행하여진다.
③ 구성원 상호 간에 개인적인 인상이나 인지를 공유한다.
④ 깊고 광범한 의사전달이 이루어진다.
⑤ 강한 집단의식을 공유한다.
⑥ 집단규범이 형성되며, 집단규범에 대한 동조행위가 고도로 발달된다.
⑦ 안정감·귀속감·일체감 등의 심리적 욕구를 충족하는 기능을 한다.

(3) 소집단의 유형별 내용

① 공식적 집단
  ㉠ 영속적 공식집단: 상설위원회, 최고 관리 층, 막료집단, 국(局), 과(課) 등
  ㉡ 임시적 공식집단: 임시위원회, 작업반 등

② 비공식적 집단
  ㉠ 수평적 집단: 동일한 조직단위 내의 동일한 지위의 구성원으로 결속되는 경우

ⓛ 수직적 집단: 동일한 조직단위 내의 상이한 지위의 구성원으로 결속
되는 경우

ⓒ 혼성적 집단: 상이한 조직단위 간의 동일·상이한 지위의 구성원으
로 결속되는 경우

(4) 소집단의 기능

① 공식적·조직적 기능: 소집단은 조직의 공식적 목표를 달성하는 데 기
여하는 공식적 기능을 수행한다.

② 심리적·개인적 기능: 소집단은 구성원의 심리적·개인적 욕구를 충족
시키는 비공식적 기능을 가진다.

③ 다양적·혼합적 기능: 소집단은 공식적·조직적 기능과 심리적·개인
적 기능을 혼합적으로 수행할 수 있다.

(5) 소집단의 연구

① 소집단의 연구경향: 19세기 무렵의 초기연구는 사회는 제1차 집단으로
부터 제2차 집단으로, 공동사회로부터 이익사회로 이행되고 있다고
하여 소집단의 중요성을 간과한 소극적 연구에 그쳤다. 1930년대 이
후부터 소집단에 관한 연구는 본격화되었으며, 소집단의 중요성이 강
조되어 오고 있다.

② 소집단의 연구특징: 소집단의 연구는 순기능에만 초점을 둔 연구이며,
그 역기능 및 통제문제에 대한 연구가 결여된 점이 특징이다.

③ 사회측정이론: 집단 내에서의 개인 상호간의 감정상태와 관심도 및 호
악(好惡) 관계를 파악하고 사회집단의 구조를 양적으로 측정하여 집
단구조, 집단발전 내지는 사회적 관계의 측정과 분석을 기하려는 것
이다.

④ 집단역학론: 집단에는 공식적 집단과 비공식적 집단이 있는바, 집단
및 그 구성원의 행동을 규정하는 집단역학적 문제의 분석 및 실험적

인 연구를 하는 이론이 집단역학론이다. 이 이론은 집단저변에 흐르는 추상적인 원리들을 형성하고 나아가 집단의사와 집단행위에 영향을 주기 위한 기술을 고안하는 데 목적이 있다.

04 계선기관과 막료(참모)기관

1. 의의

(1) 계선기관

계선이란 조직의 목적달성을 직접적인 책임을 가진 조직의 중추적·본질적·핵심적 기관을 말한다. 즉 정책결정에 직접 참여하는 품의제의 주체들을 말한다.

(2) 막료기관

막료란 참모로서 계선기관을 도와 조직의 목표달성에 간접적으로 기여하는 조직을 말한다.

🗂 계선기관과 막료기관의 비교

구 분	계선기관	막료기관
목표달성 및 권한	직접관여, 결정권·명령권·집행권 보유	간접관여, 결정·명령·집행의 지원
업무영역	집행·감독·지휘·명령	계선업무 지원 및 협조
성향	현상유지적, 보수적	현상타파적, 쇄신적
대국민 접촉	정책을 통한 직접 접촉 관계	정책지원을 통한 간접 접촉
대상	장관－차관－실·국장－과장－계장－계원(기관장－팀장－팀원)	담당관, 비서실, 총무과, 정보화 및 각종 자문실

(3) 막료기관의 중요성

① 계선기능의 결함보완: 막료기관은 계선기관의 갈등조정, 현실유지적, 보수적 성향 등의 결함을 보완하여 준다.
② 쇄신적·창의적 행정의 변화 추구: 다양한 변화에 따른 행정의 국가발전역할에 있어서 막료의 쇄신적·창의적 성향의 행정활동이 매우 필요하다.
③ 정책결정기능의 강화 필요성 증대: 현대 사회의 복잡성 증대와 행정수요의 다양성은 정책결정에 있어서 막료기능을 더욱 필요로 하고 있다.
④ 조직의 대규모화되어 가는 현대 조직에 막료의 전문적 기술과 능력 필요

2. 계선기관과 막료기관의 장·단점

(1) 계선기관의 장점

① 권한 및 책임의 한계가 명확하며 신속한 결정을 내릴 수 있어 능률적이다(관료제의 특성).
② 조직의 안정화 및 구성원 통제에 효율적이다.
③ 대규모 조직보다는 소규모 조직에 유용하다.

(2) 계선기관의 단점

① 기관장이 주관적·독단적 결정의 남발 가능성이 높다.
② 막료와 같은 전문가의 전문적 지식·기술·경험을 활용하기 곤란하다.
③ 조직의 경직성을 초래하며 업무가 복잡한 대규모조직에 부적합하다.
④ 최고 관리 층과 결정자의 업무량이 과중하게 된다.
⑤ 조정곤란과 조직운영의 능률 및 효과성이 약화되고 혼란을 초래하기 쉽다.

(3) 막료기관의 장점

① 기관장의 통솔범위를 확대해 줄 수 있다.
② 막료는 전문지식을 갖춘 자들로 구성되어 있으므로 정책결정에 이들의 전문적인 지식·경험을 활용할 수 있다.
③ 제3자의 입장에서 계선 상의 갈등조정으로 조직의 신축성에 기여한다.

(4) 막료기관의 단점

① 계선과 막료 간에 권한 및 책임의 한계가 불명확해지며, 막료가 계선의 권한에 간섭하는 경우가 많다.
② 업무 및 권한 상에 계선과 참모 간에 불화와 갈등이 조성될 가능성도 있다.
③ 막료의 의견 존중과 활용은 행정 지연, 행정비용의 증대가 발생하여 비능률적이다.
④ 막료기관의 역할과 권한이 확대됨에 따라 이들을 활용하는 고위층의 집권화의 경향이 나타난다.
⑤ 정책결정에 직접적인 권한이 없으므로 계선에의 책임전가가 우려된다.

---

c heck

p oint

1. R. K. White의 유형
   ① 자문형 막료(참모기관): 자문기능
   ② 보조형 막료(보조기관): 서비스기능

2. Holden, Fish, R. K. Smith의 분류
   ① 보좌·권고형(자문형) ② 조정형 ③ 통제형 ④ 서비스형의 4개의 유형

---

3. 우리나라 막료기관의 문제점

① 한직으로 인식하여 막료기관의 보직을 기피하고 있다.

② 막료기관의 계선기관화 경향이 강하게 나타났다.

③ 계선기관과 막료기관의 직무·기능 및 권한이 제도적으로 미분화된 상태이다.

④ 기관장이 막료기능의 역할을 활용하기보다는 자신의 정보와 능력을 과신하는 독단적 결정의 비합리적 결정도 많이 나타나 막료의 기능이 매우 제한적이다.

⑤ 대통령을 직접 보좌하는 참모기관(비서실)은 다원화되고 발전이 있었으나, 각 정부부처의 참모기능은 상대적으로 매우 미약한 발전을 해 왔다.

C heck

p oint

담당관제도(막료기관)

1. 개념
    담당관제도는 행정의 경직성을 방지하고 행정환경 변화에 대응성을 높이기 위해 전문적 지식을 활용하기 위한 동태화의 한 방안이다.

2. 역 할
    담당관들의 역할은 계획의 입안, 조사, 연구, 분석과 행정개선 등에 관하여 계선의 장을 보좌하는 막료기관이다. 1970년대에 도입한 행정막료로서의 담당관 밑에는 특별한 행정상의 하부조직을 둘 수 없으며, 일상적인 집행업무는 수행하지 않는다.

3. 제도의 효용성
    (1) 막료의 전문적 지식의 활용
    (2) 행정의 경직성 완화 및 계선상의 갈등 조정 역할
    (3) 막료기관으로서의 최고결정자에 대한 정책 조언
    (4) 새로운 관리기법 및 과학기술과 전문지식의 조직도입 가능

4. 문제점
    (1) 담당관의 역할인식부족으로 계선기관의 특성을 나타낸다.
    (2) 계선보다는 한직이라는 인식으로 담당관 보직 기피 현상
    (3) 정실 또는 정치적 보직이 가능하므로 비전문성의 인재 영입
    (4) 국, 과장으로 보직되기 전 거치는 자리로 인식하거나 인사적체 해소 방안으로 활용
    (5) 계선과의 협조 미흡과 계선의 담당관 무시현상
    (6) 우리나라의 경우 담당관의 계선화 현상의 심화

05 위원회

1. 의의

(1) 개념

① 위원회란 행정적·입법적·사법적 특수 기능을 수행하기 위해 만들어진 다두체(多頭體)를 일컫는 정치학 용어로서 위원회란 단독제에 대응되는 개념인데, 의사결정을 위원들의 합의제로 이루어지는 기관을 말한다.

② 횡적으로 분화된 동태화 유형의 일종으로서, 민간위원들의 전문성을 바탕으로 운영되는 조직이다.

③ 위원회 제도의 기원은 원시시대 이래의 각종 회의체, 즉 원시공동체의 씨족 평의회, 종족 평의회, 고대의 남당회의·화백제도, 고려시대의 도당회의·도평의사사, 조선시대의 묘당회의·의정부·비변사·내각회의 등에서 찾을 수 있다. 대한민국 정부수립 이후 형성된 위원회는 크게 자문위원회·조정위원회·행정위원회·독립규제위원회이다.

C heck

P oint

우리나라의 위원회 유형

1. 자문위원회
행정의 민주화를 위해 설치되었으나 위원수나 임기에 관한 명확한 규정이 없기 때문에 유명무실한 경우가 많다. 국가원로자문회의·국가안전보장회의·민주평화통일자문회의·국민경제자문회의 등이 이에 해당한다.

2. 조정위원회
각 기관이나 부처 간의 상이한 의견 조정 및 통합을 목적으로 하고, 효력은 건의의 효과밖에 없는 것에서부터 구속력을 가진 것까지 다양하다.

3. 행정위원회
합의제 행정기관이므로 그 결정은 법적 구속력과 함께 하부에 보좌기구를 가진다. 소청심사위원회·교육위원회·해난심판위원회가 있다.

---

4. 독립규제위원회

　대통령 또는 장관의 지휘·감독을 받지 않고, 행정조직으로부터 독립성을 유지하며, 준입법적·준사법적 기능을 수행한다. 또한 위원의 신분이 보장된다. 중앙노동위원회·금융통화위원회·중앙선거관리위원회가 해당되는데, 1980년대 말까지만 해도 사실상 독립성이 거의 지켜지지 않아 뚜렷한 기능을 수행하지 못했다.

(2) 위원회제의 특징

① 합의성: 위원회는 복수 위원들의 합의에 의한 의사결정을 추구한다.

② 민주성: 합의성은 참여를 바탕으로 토론을 거쳐 결정하는 분권화와 관련된다.

③ 동태화 방안: 위원회제는 계층제의 경직성을 완화시키는 횡적 구조로서 행정조직의 동태화의 한 유형으로 본다.

④ 정부의 규제기능: 위원회제는 환경의 다변성과 현대행정국가의 대두와 함께 경제·사회의 규제기능을 담당하게 되었다.

2. 위원회제의 장·단점

(1) 장점

① 집단적 결정·합의결정: 다수 위원들의 참여·토론을 통한 의사결정이므로 독단적 결정이 방지되어 창의적 행정과 민주화에 기여한다.

② 결정의 신중성·공정성·합리성: 계선조직과 같이 위원장 한 사람의 독단적 결정이 아닌 다수의 의견이 반영되므로 보다 신중하고 공정한 결정이 이루어지며, 절차적으로 합리성이 추구된다.

③ 신중하고 공정한 결정을 할 수 있으므로 결정에 대한 신뢰성과 다수의 지지와 수락 가능성을 증대시킨다.

④ 조정기능: 제3자적 입장에서 정부 각 부처 간의 이해관계와 의견 대립

을 조정하고 통합할 수 있다.

⑤ 대내 민주성 제고: 원활한 의사전달과 인간관계 · 횡적 구조 · 분권화와 참여는 구성원의 동기유발과 사기증진에 기여한다.

⑥ 민간 전문가의 지식활용: 민간인의 지식을 흡수하고 전문가를 활용함으로써 관료중심적 결정의 편협성을 지양하여 민중통제를 증진시킬 수 있다(외부로부터 임용된 위원들의 신분은 민간인).

⑦ 행정의 중립성과 정책의 안정성, 일관성, 계속성을 유지할 수 있다.

⑧ 관리자의 양성기회: 의사결정에의 직접 참여방식으로 구성원들은 자질과 업무지식 등 능력이 발전된다.

⑨ 운영방식 자체에서 이해관계의 조정이 비교적 용이하므로 갈등해소에 도움을 준다.

(2) 단점

① 결정의 신속성 · 기밀성의 한계: 합의제이므로 결정이 지연될 수 있으며, 기밀성의 유지가 어렵다.

② 책임성의 한계: 다수 구성원의 의사결정으로 이루어지므로 책임이 분산된다.

③ 리더십의 한계와 타협적 결정: 계선기관과 같이 위원장의 독선이 배제되므로 결정안이 타협으로 이루어지기 쉽다.

④ 소수의 횡포 가능성: 전문성과 영향력이 높은 일부 위원에 의해 결정의 방향이 좌지우지될 수도 있다.

⑤ 기타 위원회 운영상의 시간적 · 경제적 비용이 많이 소요되며, 위원회 지원부서인 사무처(사무국)의 영향력이 더 강할 수도 있다.

3. 행정위원회

(1) 개념

행정기관의 일종이면서도 일반행정기관으로부터 어느 정도 독립된 지위를 가지고 행정적 권한 이외에도 준입법적·준사법적 권한이 부여되어 그것을 행하는 합의제행정청을 말한다. 특히 기관의 결정을 취소 또는 번복시킬 수 있는 법적 구속력을 가지고 있다는 점이 다른 위원회와의 큰 차이점이다.

(2) 유형

소청심사위원회, 교육위원회, 국제심사위원회, 해양안전심판원, 저작권심의조정위원회 등이 있다.

4. 독립규제위원회

(1) 개념

독립규제위원회는 행정·입법·사법부로부터 독립성을 가지고 주로 규제업무를 하는 위원회를 말한다. 합의의제기관이므로 일명 '머리 없는 제4부'라 부르며, 준입법권과 준사법권을 가지고 있지만 법적 구속력이 없으므로 조사 후 제재방식은 검찰에 의뢰를 통하여 해결한다.

(2) 성립배경

경제체제의 급격한 발달과 함께 경제규제의 필요성이 증대되는 반면에 입법부와 사법부는 전문성의 영역인 경제규제에 미흡하므로 이를 대신할 조직이 필요하게 되었다. 또한 독립적인 권한을 통해 행정의 독재화를 방지하고 건전한 경제사회구조 유지를 위해 성립되었다.

(3) 성   격

① 조직의 독립성: 독립규제위원회는 다른 위원회와 달리 어느 기관이나 행정수반, 국무총리 등에 의해 정책적으로 영향을 받지 않으므로 정책의 지속성과 안정성을 추구할 수 있다.
② 합의성·신중성·공정성: 다른 위원회의 성격과 마찬가지로 의사결정의 합의성과 여러 부문의 대표들로 구성하여 신중성·공정성을 기하도록 하고 있다.
③ 준입법적·준사법적 권한을 소유하고 있다.

(4) 장점

조직적 독립을 유지하고 있어 행정수반이나 권력자의 영향을 배제시켜 정책의 지속성·안정성을 유지하며, 규제정책에 관한 전문성을 가지고 있다.

(5) 단점

① 지나친 독립성: 지나친 독립성은 국가정책의 방향 또는 대통령의 정책추구방향과 다를 때 혼란스러워지며, 조정이 용이하지 못할 수도 있다. 또한 사회적·경제적 변동에 대한 적응이 곤란한 면도 있다.
② 지원상의 한계: 독립성은 정책추진을 위한 각종 지원 기관이나 권력자가 없으므로 정책추진에 한계가 있다.
③ 전문성의 한계: 정책내용이나 수단 등에서 전문성을 가지고 있으므로 독단성과 민주통제의 어려움이 발생한다.
④ 인력충원 문제: 위원회 성격에 맞는 적합한 인재충원이 쉽지 않다.
⑤ 편협된 정책시행: 공정거래규제의 경우 경제전반에 악영향을 줄 수 있다(예 중소기업보호를 위한 정책이 대기업의 규제에 집중되는 경우).

(6) 우리나라의 독립규제위원회

① 공정거래위원회　　② 중앙선거관리위원회　　③ 중앙노동위원회
④ 금융통화운영위원회　　⑤ 금융감독위원회

c heck

p oint

각종 독립규제위원회
1. 공정거래위원회
  (1) 성 격
    ① 공정거래위원회는 국무총리 소속의 장관급 중앙행정기관이자 합의제 준사법기관으로서 경쟁정책을
      수립·운영하며 공정거래관련 사건을 심결·처리하는 역할을 담당한다.
    ② 공정거래위원회는 장관급 독립된 기관으로서 어느 누구의 간섭이나 지시도 받지 않고 독자적으로
      업무를 수행한다.
  (2) 기 능
    ① 주요 경제 분야에 관한 규제의 개혁정책 및 계획의 수립·추진에 관한 사항
    ② 경제 분야에 관한 규제개혁실천계획에 관한 사항
    ③ 경제 분야에 관한 규제관련 법령의 제정·개정 및 제도의 개선에 관한 사항
    ④ 경제 분야에 관한 규제개혁 추진상황의 점검·분석 및 제도의 개선에 관한 사항
    ⑤ 기타 경제 분야에 관한 규제개혁과 관련하여 위원장이 부의하는 사항

2. 중앙선거관리위원회
  (1) 기 능
    선거관리위원회는 「대한민국 헌법」, 「공직선거법」, 「지방교육자치에 관한 법률」 등에 근거하여 대통령선
거, 국회의원선거, 지방자치단체장선거(시·도지사, 시장·군수·자치구청장), 지방의회의원선거(시·도의원,
시의원·군의원·자치구의원) 및 교육위원·교육감선거에 관하여 후보자 등록 및 투·개표 등 선거절차에
관한 사무 관리, 선거비용 제한액 등 관리, 선거법위반행위 감시·단속업무 등을 담당하고 있다.
  (2) 향후 발전계획
    2004년 상반기부터 정당의 공직선거후보자 추천을 위한 당내경선사무를 선거관리위원회에 위탁 관리하
고 있으며, 2005년 하반기부터는 농·수·축협 및 산림조합 등 공공단체의 선거도 관리하는 등 생활주변
선거를 깨끗하게 하기 위한 위탁선거 관리도 적극 추진하고 있다.

3. 중앙노동위원회
  (1) 설립목적
    노동위원회는 노·사·공익 3자로 구성된 준사법적 성격을 지닌 합의제 행정기관으로서 노동관계에서
발생하는 노사 간의 이익 및 권리분쟁을 신속하고 공정하게 조정·판정하여 산업평화 정착에 기여
  (2) 기 능
    ① 노동쟁의 조정: 노사 간 분쟁 시 조정, 중재 및 긴급조정
    ② 부당노동행위 등의 심판: 부당노동행위 여부판정(노조법 제82조 내지 제84조)과 부당해고여부 등
      에 관한 판정(근기법 제33조) 등

4. 금융통화운영위원회
  (1) 성 격
    ① 한국은행법에 의해 한국은행 안에 설치돼 있는 통화신용정책 수립기관으로서 동시에 한국은행의
      업무·운영·관리를 지시·감독하는 기관(약칭 금통위).

② '한국은행법' 및 '은행법'에 규정되어 있는 범위 내에서 통화신용에 관한 정책을 수립하고 이의 집행을 감독한다. 또한 한국은행의 업무·운영·관리에 관해 지시·감독하는 일종의 독립적인 행정위원회의 성격을 갖고 있다. 설립 취지는 중앙은행의 정책 수행이 국민경제 전체에 영향을 미치는 하나의 관건이 되는 만큼 이것이 특정인 또는 소수의 집단에 의해 운영되는 것을 막고 국민 각 계층을 대표하는 사람들에 의해 결정·집행되도록 한다는 데 있다.
③ 금통위의 가장 중요한 역할은 통화운용이고 금리수준의 최종결정권을 갖고 있다.

(2) 구성
금융통화운영위원회의 구성원은 재정경제부 장관, 한국은행 총재, 재정경제부 장관이 추천하는 위원 1인, 금융기관이 추천하는 위원 2인, 농림수산부 장관이 추천하는 위원 2인, 산업자원부 장관이 추천하는 위원 2인이며 임기는 3년이다.

(3) 기능 및 권한
① 한국은행의 운영에 관한 의결권과 통화신용정책에 관한 의결권
② 한국은행의 운영과 관련하여 위원회는 한국은행의 정관 변경, 조직 및 기구·예산·결산·직원의 보수기준 등의 업무를 심의·의결
③ 통화신용정책과 관련하여 위원회는 중앙은행의 정통적 금융정책수단인 재할인정책·지급준비율정책·공개시장조작 등은 물론 금융기관에 대한 긴급여신에 관한 기본적인 사항
④ 한국은행 통화안정증권 및 통화안정계정에 관한 기본적인 사항
⑤ 통화 수축기 및 팽창기에 금융기관 여신 및 투자제한 등의 업무를 수행
⑥ 통화신용정책의 수립을 위해 필요할 경우 금융기관에 대해 자료 제출을 요구하거나 금융감독원에 대해 금융기관 검사 및 공동검사를 요구

5. 금융감독위원회
(1) 설립배경
① 금융의 자율화·개방화 등으로 금융의 범세계화가 급속히 진전됨에 따라 건전성 감독기준, 회계 및 공시에 관한 규칙 등 각종 감독기준의 국제적 정합성 요구
② 금융기관의 업무영역의 확대, 복합금융상품의 출현 등 금융기관의 겸업화(universal banking)가 진전됨으로써 이를 총괄할 수 있는 효율적인 감독기구의 출현이 요청됨
※ 영국, 일본, 호주 등 선진국은 이와 같은 금융환경의 변화에 대응하기 위해 이미 금융감독 기구를 통합

(2) 구성
금융감독위원회의 위원은 위원장, 부위원장과 상임위원, 재경부 차관, 한국은행 부총재, 예금보험공사 사장, 재정경제 부장관이 추천하는 회계전문가, 법무부장관이 추천하는 법률전문가, 대한상공회의소 회장이 추천하는 경제계 대표 1인 등 총 9명으로 구성

(3) 주요 업무
① **금융감독 관련 주요사항의 심의 및 의결**: 금융기관에 대한 감독과 관련된 규정의 제정 및 개정 금융기관의 경영과 관련된 인·허가 금융기관에 대한 검사·제재와 관련된 주요사항 증권·선물시장의 관리·감독 및 감시등과 관련된 주요사항
② **금융감독원에 대한 지시 및 감독**: 금융감독원의 정관변경·예산·결산 및 급여결정 승인 기타 금융감독원을 지시·감독하기 위하여 필요한 사항

5. 기타 위원회

막료의 기능을 수행하는 위원회로서 결정권과 법적 구속력을 수반하지 않으며, 조정위원회는 예외적인 경우가 때로 있다. 예로서는 자문위원회, 조정위원회, 조사위원회, 심사위원회 등이 있다.

위원회의 종류

행정위원회	독립규제위원회	기타 위원회
중앙인사위원회 (소청심사위원회) 중앙징계위원회 교육위원회 중앙국제심사위원회 저작권심의조정위원회 토지수용위원회 해양안전심판위원회	중앙선거관리위원회 중앙노동위원회 금융통화운영위원회 공정거래위원회 금융감독위원회	국가과학기술자문위원회 정보화추진위원회 남북교류협력추진위원회 노사정위원회 행정규제개혁위원회 행정쇄신위원회 차관 및 경제장관회의

06 공기업

1. 의의

(1) 개념

① 공기업이란 공공서비스의 생산을 민간기업이 한다면 이윤을 추구하기 때문에 요금의 상승 등의 각종 문제가 발생한다. 따라서 국가가 직접 운영하거나 공공단체의 출자방식을 통해 공공수요의 충족을 목적으로 수지적합주의(收支適合主義)에 입각하여 경영하는 기업을 말한다.
② 공기업을 공공소유성, 자율성, 시장성 등 각 변수의 개념적 조합에 따라 구체적으로 정의할 수 있다.

③ 우편·철도·상하수도·담배·전기·전화·가스·은행·방송·철강·
고속도로·지하철 등이 우리나라의 대표적인 공기업들이며, 과거 경제
개발 과정에서 중요한 역할을 담당하였을 뿐만 아니라 IMF 위기를 극
복하는 과정에서도 결정적인 기여를 하였다.

(2) 특성

① 공익성: 공기업은 기업으로서 이윤추구 목적보다는 국민의 삶의 질을
높이고 사회복지를 향상시키기 위해 설립된 것으로서 공기업의 주된
목표는 공익이라 할 수 있다.
② 기업성: 사업 주체의 자율성 및 사업주체가 생산·공급하는 재화와
서비스의 시장성을 띠고 있다.

2. 공기업의 발달요인

(1) 일반적 발달요인(Friedman, M. E. Dimock)

① 대규모 자본의 충족과 민간자본의 부족: 기간산업과 사회간접자본형성의
필요성이 강조되는 개발도상국에서 특히 대규모의 자본이 필요하므로
민간자본의 여건상 국가가 설립한 수밖에 없었다
② 국방 분야 및 전략상의 중요성: 국가는 국방 분야나 국가발전과 연계된
분야는 전략상의 중요성 때문에 이 영역에 국가기업이 발전하게 되었다.
③ 민간기업의 독점방지: 사회경제학적 측면에서 독점방지, 완전고용의 실
현, 근로조건의 개선, 높은 수준의 투자유치 등의 정책적 필요성에서
공기업을 운영하게 된다.
④ 독점적 서비스 공급: 전기·전신·수도·가스·철도 등과 같은 공공서
비스는 국민생활과 직결되므로 정부가 국민편의의 입장에서 독점적으
로 공급해야 하기 때문이다.

⑤ 공공성과 기업성의 조화: 국민을 위한 공익개념과 자산관리라는 기업성의 개념이 조화되는 측면에서 정부운영의 필요성이 인식되었다.

⑥ 정치적 신조: 공기업이 하나의 정치현상인 이상 그 발전이 정치적 동기에 있다는 것은 명백하다.

(2) 우리나라 공기업의 현황

13개 정부투자기관을 비롯해 11개 정부출자기관, 33개 정부출연 및 위탁기관 등 총 57개 기업이다. 이 중에서 정부의 공기업과 정보화 추진방안에 적용되는 공기업은 정부투자기관에서 농업기반공사를 제외한 12개 공기업과 정부출자기관 중 한국전기통신공사와 한국담배인삼공사 등 5개 공기업을 합쳐 모두 17개이다.

(3) 지방공기업

① 개념: 지방자치단체가 지역주민의 복리증진을 위해 직·간접으로 경영하는 기업이다. 지방공기업법에 따르면 수도, 도시철도, 자동차운송, 도로, 하수도, 주택, 토지개발, 의료사업 등이 지방공기업의 주요 사업영역이 된다.

② 현 황: 전국의 지방공기업 수는 총 306개, 총 자본금은 25조 7천억 원, 직원 수만도 4만 8천여 명에 달한다.

③ 유형

　㉠ 직영기업: 지방공기업은 다양한 경영 형태를 가지고 있는데, 지자체가 직접 운영하는 기업을 말한다. 상하수도사업, 공영개발 지역개발기금 등을 관장하며 행정기관과 비슷한 역할을 한다. 지방공기업 중 직영기업 수가 175개로 가장 많다.

　㉡ 지방공단 지방공사: 지방공단과 지방공사는 지자체가 자본금 전액(공단) 또는 50% 이상(공사)을 출자해 설립한 기업이다. 현재 지방공

단은 모두 33개가 있으며, 주로 시설관리 주차관리 등을 맡고 있다. 지방공사는 의료원 도시개발공사 지하철공사 등 63개가 있다. 이 밖에 지자체가 자본금의 50% 미만을 출자해 설립, 운영하는 주식회사도 35개 사나 된다.

3. 공기업의 운영방식

(1) 단독제와 합의제 방식

① 단독제: 정부형 공기업은 행정기관으로서 기관장을 중심으로 하며, 공사형과 주식회사형 공기업은 해당 사장이 경영권과 책임을 가지고 있는 단독제의 형태이다.

② 합의제: 최고 의사결정기관인 이사회 또는 관리위원회를 두고, 합의를 통한 민주적 결정방식을 취한다.

(2) 임명제와 직능대표제 방식

① 임명제: 이사회 또는 관리위원회의 이사와 관리위원을 정부에서 임명하는 제도를 말한다.

② 직능대표제: 이사회를 정부, 지원, 소비자 등을 대표하는 사람들로 구성하는 직능대표제 방식을 취하고 있다.

우리나라의 지방공기업 경영평가제도

1. 개념 및 의의

(1) 지방공기업이 지방경영에 있어 중앙정부 및 지방자치단체로부터 자율성과 책임성을 확보하기 위해 마련된 제도이다.

(2) 1993년 지방공기업법 제3차 개정에서 처음 도입되었으며, 1999년 지방공기업법 개정을 통해 부각되었다.

① 개정내용 : 지방공기업의 경영자율권 대폭 확대와 이에 대한 사후적 통제장치로 경영평가를 부각시켰다. 특히, 경영평가결과에 따른 부실공기업의 경영진단을 할 수 있게 했으며, 경우에 따라서는 지방공기업의 임원해임 및 조직개편 등의 개선명령을 할 수 있게 했다.

② 이에 따라 지방공사공단은 매년 경영평가를 실시하여야 하며, 그 결과에 따른 인센티브를 차등부여받는다.

2. 효용성

경영평가의 강조는 지방공기업에게 부담으로도 작용하지만, 경영개선이란 측면에서 바람직한 것으로 수용되고 있으며, 경쟁을 통한 성과 향상과 공공성에 대한 정부의 관리라는 측면에서 바람직한 것으로 인식된다.

3. 현 황

2002년 3월 25일 지방공기업법개정을 통해, 과거 자치단체장에게 있던 경영평가권이 행정자치부 장관으로 일원화되었는데, 이는 중앙정부차원에서도 지방공기업 경영평가제도의 중요성을 적시한 것으로 판단된다.

4. 공기업의 관리원칙

(1) 공공성의 원칙

공공성의 원칙이란 국민의 생활에 직결되는 서비스의 생산 공급에 있어서 일반 기업에 의하면 경제성·대규모성·독점성·모험성을 충족시키지 못하므로 이러한 서비스 분야는 공기업이 담당해야 한다.

(2) 공공규제의 원칙

규제원칙이란 정부의 예산, 즉 국민의 세금에 의해 운영되는 공기업의 경영에 대한 국민의 통제가 기본전제가 되어야 한다는 것이다.

(3) 독립채산성의 원칙

공기업의 자율적 능력으로 일반 기업의 경영성을 추구해야 한다는 원칙이다.

(4) 생산성의 원칙

생산활동의 합리화를 말하는데, 인간적인 요소와 기술적인 요소를 적절히 잘 결합하여 생산성을 추구해야 한다는 원칙을 말한다.

5. 공기업의 종류

(1) 정부형 공기업

① 개념: 정부형 공기업은 정부조직법에 의해 설립되므로 독립된 법인격을 지니지 않고 정부조직이 일부이다. 따라서 구성원은 모두 공무원이다.
② 특징
 ㉠ 특별회계인 기업예산회계법의 적용
 ㉡ 발생주의 계리방식과 재무제표의 작성
 ㉢ 간가상가제도
 ㉣ 원가계산제
 ㉤ 수지적합의 원칙 적용
 ㉥ 예산의 목간전용가능 등 예산의 신축성 부여
 ㉦ 종류: 체신(정보통신)·조달·양곡관리사업

(2) 공사형 공기업

① 개념: 공사형 공기업이란 특별한 목적에 따라 특별법에 의하여 설립

된 공기업을 말하며, 정부가 100% 투자하여 운영되는 정부투자기관
이다. 임원은 준공무원이고, 나머지는 회사원의 신분을 가진다.

② 특징

　　㉠ 특별법인으로서 법률상 당사자능력을 가진다.

　　㉡ 정부투자기관관리기본법의 회계법에 따른다.

　　㉢ 발생주의 회계원칙 적용

　　㉣ 감가상각제도

　　㉤ 원가계산제

　　㉥ 독립채산제의 적용

　　㉦ 경영은 의결과 집행기구로 이원화

　　㉧ 종류: 한국외환은행, 대한석탄공사, 대한주택공사 등

(3) 주식회사형 공기업

① 개념: 주식회사형 공기업은 정부가 주식의 일부(50% 이상 출자)를 소
　　유하는 정부투자기관을 말하며, 특별법인 상법에 의해 조직된 공기업
　　으로서 구성원은 회사원의 신분을 소유하고 있다.

② 특징

　　㉠ 정부투자기관 관리기본법의 회계법 적용

　　㉡ 발생주의 회계원칙 적용

　　㉢ 감가상각제도

　　㉣ 원가계산제

　　㉥ 독립채산제의 적용

　　㉤ 당사자 능력 보유

　　㉦ 집행기구와 의결기구의 이원화 경영방식

　　㉧ 대상: 호남비료주식회사, 한국도로공사, 한국관광공사, 한국전력공사 등

6. 공기업의 민영화

(1) 개념

① 민영화란 사회복지의 재화나 서비스를 공공부문과 민간부문에서 적절한 역할 분담을 통해 제공하는 것을 의미한다. 이를 다시 광의의 민영화와 협의의 민영화로 나누어 볼 수 있다.

② 광의의 민영화는 정부 규모와 역할범위를 축소시키는 것을 의미하며, 협의의 민영화는 정부부문의 정부의 책임하에 있으면서 생산활동을 민간에 이전됨으로써 사회에 대한 책임이 민간에도 내재하게 됨을 의미한다.

③ 일반적으로 공기업의 민영화란 공기업을 민간에게 일부 또는 전부를 주식매각 등을 통하여 이루어진다.

(2) 민영화의 필요성

① 공기업의 민영화는 신공공관리론이 대두되면서 생산성과 효율성의 필요성에서 작은 정부 추구, 독점성의 폐해 극복과 시장원리의 도입 등으로 활발히 추진되었다.

② 민간경영의 능력을 노입함으로써 경영의 합리화를 통한 경쟁력 제고와 행정서비스의 질 향상, 주식매각을 통한 재정적자의 해소가 목저이다.

③ 정부 공기업에 대한 정부의 과도한 규제나 통제는 공기업 운영의 자율성과 창의성을 저해시켜 내부 비효율성을 초래시켰다. 즉 공기업의 예산편성·인사·경영에 대한 정부의 지시나 명령이 과다하고 정부의 간섭이 장기간 지속되어 왔기 때문이다.

④ 우리나라의 공기업은 관료중심적 의사결정 과정, 경영자의 기업가정신의 결여, 민간에 비해 기술수준의 저조 등과 같은 문제점을 표출시켜 왔다. 또한 공기업의 인사는 퇴직 관료나 일부 정치인의 낙하산식

운영으로 전문 경영인이 아닌 정부의 이 임명되어지는 현상을 나타내었다. 이 경우 공기업 경영의 내부적 비효율성이 증진되어져 자율·책임경영체제의 구축이 이루어지지 못한 채 정치적 실패가 나타나게 되는 결과를 초래하였다.

(3) 민영화의 유형 및 방법

① 민영화의 유형: 완전민영화는 모든 주식을 민간에게 매각하여 법적 소유권을 넘기는 것을 말하며, 부분적 민영화는 공사를 주식회사형 공기업으로 전환하거나 정부투자기관을 매각하는 방법 등이 있다.

② 민영화의 방법

　㉠ 주식매각 방식: 보유주식매각방법은 매각 정도에 따라 완전민영화, 부분적 민영화, 선별적 민영화 등이 있으며, 매수자의 분류에 따라 국민주, 종업원지주제, 일반기업의 매수, 외국인의 매입 등으로 구분된다.

　㉡ 계약방식: 소유권의 이전방식이 아닌 민간기업이 더 효율적이라 판단되고 독점성과 공공성이 강한 서비스는 일정기간 민간기업과 계약으로 생산토록 하며, 정부는 필요한 재원을 제공한다.

　㉢ 기타 정부기능의 이양, 정부독점 및 규제의 완화 등(단, 정부가 민영화하기 어려운 부문은 반드시 정부가 담당: 사법서비스, 특허심사 등 공정성이 필요한 업무 등)

일반적 정부의 민영화 방식

1. 공기업의 민영화
2. 계약방식(위탁경영)
3. **독점권부여(독점생산판매권, franchise)**: 일정한 정부설정기준에 따라 독점권을 부여받은 민간기업이 어느 한 분야의 서비스 생산 판매를 책임지는 방식(쓰레기봉투 제조)
4. **구매권 방식**: 바우처(Voucher)라고도 하는데, 국민이 정부가 발행한 구매권을 통해 서비스를 구매하는 제도(과거의 양곡구매권)
5. **공동생산**: 제4섹타인 자원봉사단체의 활동으로 정부의 능력을 보완해 주는 제도(뉴거버넌스의 서비스 공동생산)
6. **규제완화**: 시장경제 주체의 활동을 정부가 보장해 주는 방식
7. 아웃소싱 및 다운사이징
8. 벤치마킹 등

공기업에 대한 법률적용

공기업은 일반 행정기관에 적용되는 예산·회계 및 감사에 관한 법률의 적용을 받지 않는 것이 일반적이나, 우리나라의 경우에는 감사에 관한 사항은 일반 행정기관으로 적용을 하고 있다. 정부형 공기업은 행정부처의 하나이므로 의회의 통제를 정기적·제도적으로 받고 있으나, 정부투자기관은 행정부처와는 별개의 독립적 법인체이므로 그렇지 않다.

(4) 민영화의 장·단점

① 장점

㉠ 독점성 배제와 시장원리의 적용

㉡ 민간기업의 전문적 생산기술 및 경영능력을 도입

㉢ 시장기능에 따른 능동적 수요대저로 적절한 공급조절

㉣ 정부의 대규모 신투자를 줄일 수 있으며, 민간부문의 여유시설 활용(상업부지나 물류창고 등)

㉤ 위탁경영방식은 지방자치단체의 규모의 경제 달성(쓰레기처리·하수처리·가스사업 등)

㉥ 감축관리효과로 작은 정부 추구

㉦ 민간경제의 활성화 도모(자본시장 및 통화안정화에 기여)

㉧ 수익자 부담원칙 적용

② 단점

　㉠ 서비스 제공 상 문제점 발생 시 정부의 책임회피

　㉡ 공공성이 정부부문보다는 민간기업의 책임과 관심으로 치우쳐 상업성이 지나치게 강조될 수 있다.

　㉢ 노조활동의 보장으로 생산성과 공급에 차질을 빚을 수 있다.

　㉣ 민영화 과정에서 특혜 의혹 등이 발생할 수 있다.

　㉤ 정부의 통제적 능력이 미흡할 경우에 기업의 이윤추구의 성향을 적절히 통제해 줄 수 없어 공익성과 민주성 등을 저해시킬 수 있다.

7. 우리나라 공기업 운영현황

(1) 장점

① 자본조달의 용이: 국가 또는 지방자치단체가 출자를 하므로 자본조달 능력이 크며, 자본을 증자하는 경우에도 저리로 공채를 발행하거나 또는 융자를 받음으로써 쉽게 거액의 자금을 조달할 수 있다.

② 구매 및 판매상의 우위: 공기업이 필요한 자재의 배분이나 생산물의 판매에 있어서 우선권이 부여된다.

③ 조세의 면제: 공기업의 수입은 재정수입이 되는 동시에 공기업에는 조세나 그 밖에 공과금이 면제되는 경우가 많다.

④ 독점적 지위: 공기업의 독점성으로 사업을 운영하는 데 있어 유리한 점이 많다.

⑤ 공공적 원조 및 무상대부: 공기업이 사업에 실패하는 경우에도 국가나 지방자치단체가 지원이 가능하다. 즉 실정법상 공기업의 조성을 위해 국가에서 정부투자기관 또는 지방자치단체의 기업에 대하여 필요한 경비의 일부를 보조하는 경우가 있고, 공기업을 위해 국·공유재산을 무상으로 대부하거나 양여할 수 있으며, 공기업용 재산을 국·공유

재산과 교환해 줄 수 있게 되어 있다.

(2) 문제점

① 정실인사: 사장 및 임원은 정치적 임용이 대부분이며, 정실화되어 있다. 따라서 낙하산 인사라는 인식으로 직원 통제의 한계나 조직 내 갈등의 요인이 되고 있다.

② 경영상의 한계: 정부의 압력과 경영관리의 능력·기술의 부족으로 자율적이고 창의적인 경영능력을 상실하고 있다. 그 결과 부실경영으로 인한 적자운영의 누적현상과 기업성이 아닌 관료주의적 운영방식을 반복해 왔다.

③ 환경적응의 문제: 자유재량성의 미흡으로 인해 민간기업과 같이 환경 변화에 따른 신축적 적응능력이 매우 부족한 실정이다.

07 책임운영기관

(1) 개념

① 정부기관으로서 조직의 운영상 경영성 및 자율성이 필요하다고 인정되는 공공 분야 업무를 수행하는 조직이다.

② 행정 및 재정상의 자율성을 부여하고 운영성과에 대해 책임지도록 하는 행정기관이다.

③ 시장경쟁원리의 도입을 통해 행정서비스의 질을 개선하기 위한 행정개혁의 일환이다.

④ 영국의 Next Steps Program을 시작으로 개혁으로 설립된 책임경영행정조직(Agency)을 말하며, 우리나라도 적용하고 있다.

(2) 특징 및 내용

① 이원론적 관리체제: 정책의 목표결정 및 지침, 통제 등은 중앙부처가
   수행하고 책임운영기관은 집행기능만 담당한다(부처의 장과 운영기관
   장의 목표설정 합의체제).
② 구성원의 임용 및 신분
   ㉠ 책임운영기관의 장: 중앙부처의 장이 공개모집절차에 따라 5년 이내
      의 계약직으로 임용된다. 소속 구성원에 대한 임용권은 대통령령이
      나 소속 부처의 장이 위임된 범위 내에서 권한을 갖는다.
   ㉡ 소속 구성원: 위임된 권한으로 책임운영기관의 장에 의해 임용된 구
      성원은 정부조직이므로 공무원의 신분을 가지며 정부부처 간 인사
      교류가 가능하다.
③ 운영방식: 책임운영기관의 장에게 운영권한을 위임하였기 때문에 인사
   및 예산집행상의 독립성과 자율성이 매우 높으며, 단지 결과에 대한
   책임성을 진다(책임과 권한의 일치).
④ 임용권은 원칙적으로 기관장이 소유할 수 없으며, 위임된 범위 내에
   서 갖는다.
⑤ 사업대상: 성과를 계량적으로 측정할 수 있는 사업을 대상으로 한다.
⑥ 회계법 적용은 특별회계로서 해당 법률에 정해진 것을 제외하고는 기
   업예산회계법의 적용을 받으며, 세입은 사업관련 수입과 타 회계로부
   터의 전입금과 비용부담금 등으로 구성된다.

(3) 우리나라 책임운영기관

① 내용
   ㉠ 2000년부터 선정하여 사업을 실시하였으며, 각 부처에는 책임기관
      운영심의회를 둔다.
   ㉡ 기업예산회계법을 적용하며, 발생주의, 복식부기를 통한 재정의 투
      명도를 높이고 있다.

ⓒ 공정한 성과평가를 위한 독립 중앙평가위원회의 역할은 행정안전부에서 실시하고 있다.

ⓔ 특히 18청의 하나인 특허청은 중앙책임운영기관으로 지정되었으며, 기존은 소관책임운영기관이다.

② 책임운영기관의 예: 국립의료원(보건복지가족부), 자동차운전면허시험장(경찰청), 국군홍보원(국방부), 국립영상산행물제작소(국정홍보처), 국립중앙과학관(과학기술부), 국립중앙극장(문화관광체육부), 농업기계화연구소(농촌진흥청), 수원국도유지건설사무소 및 전국국도유지건설사무소(국토해양부), 정비창(해양경찰청) 등 총 23개 기관이 지정되어 운영되고 있다.

06 CHAPTER

조직의 목표관리

01 목표관리

1. 개념

MBO(Management By Objectives)란 상급자와 하급자의 참여를 통해 조직의 목표를 설정하고, 결과를 중간 또는 사후에 지속적으로 평가하여 환류함으로써 궁극적으로 조직의 목표달성의 효율성을 강조하는 경영학적인 목표(결과)중심적 조직관리기법이다.

2. MBO의 발달 배경

① 1954년 Druker 의해 처음 소개되고 Odiorne, Mcgregor, Likert, Schler 등에 발전되었다.
② 미국에서는 1970년 닉슨 대통령이 연방정부 도입을 시작으로 공공부문에 확산되었다.
③ 우리나라는 서울시가 최초로 도입하여 중앙부처 및 지방정부로 확대 시행 중에 있다.

3. MBO의 내용 및 특성

① Y론적 인간형에 이론적 기반을 두고 직원들의 참여강조로 조직운영에 있어서의 민주성을 높일 수 있다. 그러므로 구성원의 자발적 참여와 협동심이 요구된다.

② 자율적인 통제 가능성의 증대와 자원의 효율적 운영, 목표의 효과성을 제고시킨다.

③ 조직의 집중성과 효과성 제고, 성장이론의 편견이 존재, 결과 지향적인 단기적 목표관리기법이다.

④ 목표달성이 최고 이념이며, 업적 평가의 객관적 기준과 책임한계를 밝혀 준다.

⑤ 자기실현적 인간관, 분권화 및 참여강조로 구성원의 사기증진, 관료제의 경직성을 제거해 줄 수 있다.

⑥ 조직을 개방적 유기체제(협조)로 이해하고 상호 이해증진, 조직의 민주화, 인간화를 통해 조직 발전에 기여한다.

⑦ 목표의 달성도(효과성)의 제고와 조직 내 갈등 및 대립 감소시킨다.

⑧ 참여에 의한 목표설정, 상위목표와 하위목표와의 연계, 조직과 개인의 목표 통합, 결과 지향적, 계량적 목표를 중시한다.

⑨ MBO는 계선중심, 단기계획, 일반기술 적용이지만 PPBS는 막료중심, 장기계획, 전문기술을 필요로 한다.

⑩ 주먹구구식 관리가 아니라 비능률적 관리행위를 배격하며, 책임보다는 성과와 능률을 중시한다.

⑪ 최고 관리 층의 통제보다 내부통제를 중시하는 내부중심적 관리기법이다.

⑫ 목표관리제의 기본구성요소는 평가와 환류, 구성원의 참여, 목표의 설정이다.

⑬ 수평적 의사소통체계보다 수직적 의사소통체계를 개선하는 데 더욱 유리하다.

⑭ 부하직원들의 과업수행에 대한 방향 및 기준을 제시함으로써 행정의

통일성을 확보하는 데 도움을 준다.

⑮ 목표관리는 상하 간 평가가 이루어지는 일종의 다면평가를 원용한 제도이다.

4. MBO의 한계

① 유동상황과 군과 경찰 같은 경직성 관료조직에 부적합하다.

② 단기적 양적목표에 치중하고 가치와 질적인 면을 소홀히 하기 쉽다.

③ 명백한 목표설정의 곤란하고 복잡한 절차로 시간, 노력(서류작업)의 과다한 소모가 발생한다.

④ 목표의 상대적 가치평가와 목표달성도의 계량화가 곤란하여 주관적 평가 위험이 있으므로 공공부문에 대한 적용이 어렵다.

⑤ 목표달성에만 치중하므로 목표달성 과정을 소홀히 하며, 조직의 효과성 증진 및 조직 발전에 미치는 측면을 고려하지 않고 있다(BSC는 이러한 면을 보완해 주는 성과평가제도이다).

⑥ 환경의 변화와 이해관계의 대립이 있을 경우에는 명확한 목표설정이 어렵다.

⑦ 복잡한 집행절차로 인하여 형식주의, 문서중심주의의 폐해가 나타날 수 있다.

⑧ 평가기준의 획일화는 각 기관의 임무와 특성이 무시되어 결국 행정의 대응성을 저하시킬 수도 있다.

⑨ 공공부문에서는 성과와 목표달성의 측정이 매우 어려우며, 정부에서도 객관적인 평가기준과 절차가 수립되어 있지 않아서 시행상의 어려움을 안고 있는 제도이다.

⑩ 목표달성만을 목표로 하기 때문에 조직의 효과성 증진과 발전의 차원을 고려하지 못한다는 한계가 있다. 이에 BSC(Balance Score Card)가 도입되고 있다.

조직관리기법의 발전순서: PPBS→MBO→TQM→OD

PPBS	MBO	TQM	OD
장기적 목표	단기적 목표(1년)	장기적 기간	장기적 기간
국가사업	조직 내적 업무	조직 내적 업무개선	구성원 질적 변화
집권적 의사결정	분권적	분권적 참여 강조(Y론)	분권적
참여배제(X론)	참여와 권한위임	공동체적 분위기	참여 강조(Y)
자원의 합리적 배분	합리적 목표선정	– 질 개선 방법	의식적, 개혁적
– 경제적 합리성	관리자와 부하의 조정	사전적 관리	– 행태론적 접근
(비용편익분석)	과 협의 내부관리자 중	고객만족 우선	관리자의 솔선수범
조직경계 유동적	심(계선)	조직문화변화전략	감수성 훈련
양적 개념	양적 개념	질적 개념	질적 개념

02 총체적 품질관리 (TQM: Total Quality Management)

1. 의의

① TQM은 Deming이 MBO는 지나치게 내부관리자 측면을 강조하고 계량적인 면에 치우쳐 질적인 면을 수홀히 한다고 비판하였다

② 총체적 품질관리는 생산자 중심이 아닌 고객지향주의에 바탕을 둔 기업의 품질관리기법으로서 관리철학의 일종이다.

2. 주요내용 및 특징

① 고객지향주의: 고객 만족 시까지 품질을 개선한다.

② 집단중심 및 팀워크 강조: 개인의 특성을 제거하고 집단의 총체성을 강조하고 개인적 역량의 극대화가 아니라 조직 전체로서 총체적

역량극대화를 강조하는 팀워크 중심의 관리이다.

③ 분권화 및 참여 강조: 권한의 대폭적 위임과 참여를 강조하며, 질 개선을 위한 창의성을 존중하므로 개인의견에 대한 처벌이나 비난을 금지한다.

④ 절차와 태도의 개선 중시: 완벽함에 이를 때까지 질 개선활동을 지속적으로 반복하여 고객만족 시까지 이루어지는 계속적 관리활동이다.

⑤ 생산자 중심이 아닌 고객이 품질을 결정하고 상품 대신 서비스 공급을 중시한다.

⑥ 사실 자료에 기초를 두고 과학적 품질관리기법을 활용하며, 통제유형은 사후적이 아닌 예방적·사전적 성격을 띤다.

03 조직 발전 (OD, Organization Development)

1. 개념

구성원의 가치관, 태도, 이념 등 행태의 변화를 통해 조직 발전을 추구하는 조직관리기법으로 과정중심의 인간행태론적 접근방법이다.

2. 내용

① 인위적, 의식적, 계획적 변화를 추구한다.

② 구성원의 참여와 관리자의 솔선수범이 요구되며, 외부 전문가의 도움으로 계획달성의 효율성을 도모할 수 있다.

③ 감수성 훈련 등을 통해 구성원의 변화를 도모할 수 있다.

04 BSC 성과평가제도 (유재원)

1. 개념 및 배경

① 성과보다는 관리측면을 강조하는 철학에서 균형성과표의 개발 및 공공부문에의 적용이 필요하게 되면서 미국의 North Carolina 주 Charlotte 시에서 처음 적용하였다. 기존의 전통적인 성과측정시스템은 상대적 불완전성, 정확성 및 중립성 결여, 역동적이고 다양한 근무환경 내에서의 균형 부족 등이 단점으로 지적되어 왔다.

② BSC는 기존의 MBO의 한계점을 보완하기 위해 적용하는 평가전략인데, 개인이나 하위목표보다는 조직전체의 전략적인 목표와 성과를 중시하므로 조직전체의 목표를 먼저 작성하고 그것을 토대로 부서별 목표를 설정한다. MBO는 목표달성 그 자체에 초점이 맞추어지지만 조직의 효과성 증진과 발전에 기여하지 못한다는 한계점이 지적되었다. 그러나 BSC는 목표 과정과 조직의 효과성 증진, 발전의 거시적이고 포괄적인 측면도 포함한 성과평가개념이다. BSC는 조직의 비전과 전략, 목표수립, 전략 및 목표의 홍보, 조직 간 상충 목표 소성 기능, 소식 및 개인의 성과에 대한 환류를 상소하고 있다.

③ 2005년은 '성과관리의 해'라고 할 만큼 정부기관별로 성과관리 도구인 균형성과표(BSC)를 앞다퉈 도입하고 있다. 해양경찰청을 필두로 특허청・해양수산부・행정자치부・국세청・건설교통부・환경부・육청 등 올해만 20여 정부기관에서 BSC를 도입해 성과관리시스템이 이미 가동되고 있거나 가동될 예정이다. 해양경찰청은 2003년 기획예산처의 요구로 '재정사업 성과지표'를 개발해 우수기관으로 선정되기도 했고, 정부기관 중에서는 BSC를 2004년에 처음 도입해 주목받고 있다. "2007년까지 세계일류 해양경찰기관, 정부최우수 고객만

족기관, 정부혁신 선도기관이 되자"는 목표하에 비전 2007을 수립해 BSC를 운영하였다.

2. 도입 목적

① 위의 단점을 보완하고 미래 지향적 관점의 성과측정과 관리의 중요성이 대두되어 미국의 지방자치단체와 공공기관에서는 이를 보완한 '균형 성과점수표(BSC)'를 이용한 성과측정시스템을 활발하게 도입하게 되었다.

② 기존의 성과측정시스템을 보완한 '균형화된 점수표(BSC)'의 전형적인 형태는 네 가지 측면으로 구성되는데, 목표관리는 단순한 단위별 목표관리의 한계를 보완하려 한다(네 가지 측면: 재정적 측면, 고객 측면, 내부 프로세스 측면, 혁신과 학습관점).

3. 기능 및 내용

① 조기경보시스템의 역할: BSC의 가장 큰 장점은 조직의 성과관리차원에서 조기경보 시스템으로서의 역할을 한다.

② 명확한 핵심 부각: BSC는 조직의 비전과 목표를 달성하기 위해 핵심적인 사항들이 무엇인지를 보여 준다.

③ 조직전략과 현실목표와 연계 가능: BSC는 성과관리시스템으로서 조직의 주요 전략들을 측정가능하면서도 현실적인 목표로 전환시켜 준다.

④ BSC의 특성: 관리기술이 아닌 관리철학이므로 네 가지 관점의 거시적 틀 속에서 각각의 조직이 어떠한 방향으로 나가야 할지에 대한 지침을 제공해 주는 것이며, 표준모델이 존재하여 구체적인 관리기법을 제시해 주는 단순한 목표관리 수단은 아니다.

4. MBO와 BSC의 차이점

(1) 두 제도의 강조점

기존의 MBO 시스템이 개별 또는 팀별로 구체적인 목표를 세워놓고 이를 달성할 수 있는지의 여부에 초점이 맞추어져 있었다면 BSC는 보다 거시적인 관점에서 궁극적인 목표를 설정하고 이를 달성할 수 있는지를 보여주고 있다.

(2) MBO의 목표달성의 기대효과

MBO에서 구체적인 목표는 대부분 사업자체로서 목표를 달성하였는지의 여부에 따라 성과가 판정된다. 그러나 MBO는 특정한 사업이 달성된 후에 이것이 특정기관에 얼마나 도움이 되었는지의 결과를 측정할 방법이 없다.

(3) BSC와 MBO의 용이성

① BSC는 MBO가 활용하는 부서별 전략목표관리카드가 필요하지 않다. 즉 MBO에서는 사업별 전략목표를 정하고 이를 달성하기 위한 기준과 평가지표 및 배점을 할당하고 있다. 그러나 BSC에서는 이러한 과정을 생략하고 점수를 부여하지 않아도 된다.
② 기존의 모든 부서들은 MBO 관리카드에서 수립된 사업별 달성계획을 중심으로 BSC의 목표설정에 맞추면 된다. 따라서 BSC에서는 MBO의 전략목표 관리카드의 내용을 포함하는 지표들이 설정되어 운용하게 된다.

조직과 개인

CHAPTER 07

01 조직과 개인관계

1. 의의

(1) 공식적 행동

조직 내에서 구성원인 개인은 조직목표의 달성에 기여하기 위한 공식적 역할을 하는 주체로서의 행동을 말한다.

(2) 비공식적 행동

조직 속의 개인은 공식활동과는 무관하게 비공식조직을 통한 개인욕구충족을 위한 비공식적인 사회적 활동을 한다.

(3) 개인적 행동

조직 내의 개인은 개인의 목표를 달성하기 위한 행동으로서 조직의 목표와 순기능적일 수도 있고 역기능적일 수도 있다. 여기서 개인의 목표와 조직의 목표와의 조화문제가 발생한다.

2. 관리

(1) 정의

관리는 다른 사람들과 함께 목표를 성취해 가는 과정으로 조직상의 관리는 관리자들이 조직 구성원들과 더불어 그리고 조직 구성원들을 통해서 조직의 목표를 성취해 가는 과정을 의미한다.

(2) 주요 속성

① 관리의 주된 관심은 조직목표를 설정하고 조직목표 성취에 있다.
② 관리는 그 임무성취를 위해 다른 사람들을 동원하고 이끌어 가는 것이다.
③ 관리는 그 임무수행을 위해 인적·물적·기술·정보 등 여러 가지 자원을 조정·통제하는 것이다.
④ 관리는 의사전달, 의사결정, 리더십, 갈등관리, 통제, 계획 등 여러 과정을 통해서 이루어진다.
⑤ 관리의 대상영역은 조직의 성립·생존·발전 등 조직운영 전반에 해당된다.
⑥ 관리의 기능 또는 관리 과정의 활동 단계는 목표설정과 계획수립, 자원의 동원, 조직화, 집행, 환류통제 등으로 구분해 볼 수 있다.
⑦ 관리는 조직 내외의 여러 관계들과 역동적인 상호작용 속에서 작동하는 과정이다.

3. 조직의 통제

(1) 통제의 정의

① 통제는 목표와 그 실천행동을 부합시키려는 활동이며, 목표달성을 위

해 조직 활동을 집결시키는 하나의 과정이다.

② D. S. Sherwin은 통제란 미리 정해진 기준에 모든 작업활동을 조절시키는 행위로서, 계획이 잘 집행되고 있는지 또는 목표를 성취하기 위한 적절한 절차가 마련되었는지의 여부를 검증하고, 필요에 따라 그 일탈을 교정하는 기능이라고 정의하였다.

③ W. H. Newman은 행정이란 계획·조직·자원·지위·통제의 계속적인 순환 과정으로써, 이 중에서 통제란 계획에 실적을 일치시키는 과정이라고 하였다.

(2) 기본 전제

① **통제자와 피통제자의 구별**: 통제는 통제자와 피통제자의 관념적 구별을 전제로 하며, 피통제자의 지배권 밖에 있는 통제의 수단을 가진 통제자가 존재하고 통제자에게 책임을 주는 피통제자가 존재해야 성립된다.

② **기준의 존재**

　㉠ 통제는 목표 또는 기준에 실적을 부합시키려는 활동으로, 통제의 기준은 통제 활동의 출발점이 되기 때문에 미리 정해진 목표 또는 기준이 있어야 한다.

　㉡ 통제의 기준이 불가변적이거나 불가침적인 것은 아니기 때문에, 여러 가지 이유로 미리 설정되었던 기준은 변동되거나 시정될 수 있다.

　㉢ 생산목표 또는 생산작용목표나 그 실천기준만이 통제의 기준이 되는 것은 아니고, 체제유지적 목표 등 여러 종류의 목표와 그 실천기준도 통제의 기준이 될 수 있다.

③ **통제수단의 존재**

　㉠ 통제주체가 통제의 수단을 결여하면 통제가 이루어질 수 없으므로 통제주체는 통제활동에 필요한 자원 또는 수단을 가지고 있어야 한다.

　㉡ 통제의 과정은 조직이 사용하는 수단 또는 자원을 적절히 배분하여

필요로 하는 실적을 얻어 내는 과정이라고 표현할 수 있으며, 통제의 수단 또는 자원은 매우 다양하게 분류될 수 있다.

④ 동태적 과정으로 융통성과 자율조정성 구비
  ㉠ 통제는 일련의 기본적인 단계를 내포하는 동태적이고 순환적인 과정으로서, 통제의 과정에 포함되는 기본적인 단계는 통제기준의 설정 및 확인, 정보수집, 평가 및 시정조치이다.
  ㉡ 통제는 다소간의 불확실한 사태에 노출될 수 있는 동태적 과정이기 때문에 융통성과 자율조정성을 구비해야 한다.

⑤ 부수적 효과
  ㉠ 통제 과정의 기본적 기능은 목표와 실적을 부합시켜 조직의 통합과 성공에 이바지하는 것이지만, 투자자나 최고관리자들을 안심시키는 데 도움을 주거나, 각급 관리자들이 자기 결정에 대한 환류를 받아 의사결정능력을 향상시킬 수 있는 등 여러 가지 부수적 효과를 수반한다.

4. Schein의 인간관

샤인은 인간관이 각 시대의 철학적 관점을 반영시키고 있다고 보면서 인간관을 네 가지로 분류하고 있다. 각 인간관과 그에 따른 적절한 관리전략을 접합시키면 다음과 같다.

(1) 합리적 경제인관(X론적 인간관)

① 인간은 개인 이익의 극대화를 추구하는 합리적·타산적·경제적인 존재이므로 관리자는 공식적 통제와 감독, 작업에 대한 경제적 유인 등을 통해 능률성을 추구하는 관리전략이 필요하다.

② 과학적 관리법을 비롯하여 공식조직을 강조하는 대부분의 고전적 조직이론의 인간관이다.

(2) 사회인관(Y론적 인간관)

① 인간은 합리적·경제적·타율적 존재이면서도 사회·심리적 욕구를 지닌 사회적 존재라고 보고 관리전략은 직원의 사회심리적 욕구에 대한 관심과 충족을 통해 능률성을 강조하는 방법이 합리적이다.
② 인간관계론을 비롯하여 비공식조직을 인정하는 신고전적 조직이론에서의 인간관이다.

(3) 자기실현인관

① 인간은 조직생활에서 자신의 능력과 특성을 최대한 발휘하여 개인의 발전을 도모하는 한편 조직에도 순기능적 역할을 하는 자기 실현욕구를 가지고 있으며, 조직 과정에서도 자율적으로 자기 규제를 할 수 있다고 본다.
② 관리자의 관리전략은 동기부여에 힘쓰고 구성원의 직무에 대하여 긍지와 자부심을 가지고 보람을 느낄 수 있도록 조정자로서의 역할이 강조된다.
③ 현대조직에서 나타나는 인간형으로서 볼 수 있다.

(4) 복잡인관

① 현대조직에서 나타날 수 있는 인간형으로서 인간은 다양한 욕구와 잠재력을 지닌 복잡한 존재이며, 자유를 추구하고 구속을 탈피하려는 속성을 가진 형으로 보고 있다(예 X세대).
② 복잡인간의 욕망과 동기는 상황에 따라 유동적인 특성을 지니고 있고 직원들의 욕구와 동기가 서로 다르기 때문에 융통성 있는 관리전략을

취해야 한다.

③ 직원의 다양한 욕구와 개인차 등 능력을 감지할 수 있는 감수성과 진단능력을 가지고 유연한 감독과 통제를 필요로 한다.

④ 인간은 조직생활을 통하여 새로운 욕구를 계속 터득해 가므로 구성원들의 개인적 차이를 존중하고 이를 발견하는 진단 과정이 필요하다.

02 조직인의 성격유형

1. R. Presthus의 성격유형론

(1) 상승형

조직의 상위계층에서 나타나는 유형으로서 조직에 대한 일체감이 높고 조직의 정당성·합리성을 위해 노력하며, 출세와 권력 지향적이고 직무만족도와 자신감이 강하다.

(2) 무관심형

대체로 하위직에 많이 나타는데, 이들은 조직에 대한 일체감, 조직목표에 대한 낮은 관심과 더불어 출세나 권력 지향적 위치에 있지 않으므로 소외감과 좌절감을 느낀다.

(3) 애매형

연구직·참모직에서 찾아볼 수 있는 성격유형으로서 독립적으로 행동하기 좋아하며, 내성적·창의적·이상주의적 성격을 가지고 있다. 또한 권위주의적 조직운영에 늘 비판적이며, 대인관계를 중심으로 조직생활을 영위하지 않는다.

2. A. Downs의 성격유형론

다운스는 행정관료의 목표달성 유형별로 같이 분류하고 있다.

⑴ 출세형

권력·위신·신망·수입을 매우 중요시하고 이를 목표로 삼고 노력하는 형이다.

⑵ 현상유지형(보존형)

현재 상태에서의 신분, 직위상 기득권이나 이익유지와 보존을 목표로 한다.

⑶ 열중형

특정 정책이나 사업수행에 전념하고 정력적·낙천적 성격을 가진 사람의 형이다.

⑷ 창도가형

열성형에 비하여 비교적 광범위한 기능을 소유하고 조직목표 달성을 중시하고, 현상타파적인 성향을 가진다.

⑸ 경세가형

사회전체의 복지를 중요시하고 국가정책에 영향을 미치는 거시적인 안목의 형이다.

3. McClelland의 성격유형론

(1) 개념

맥클리랜드는 성취동기가 강한 사람들의 행위의 특징을 정리하였는데, 개인의 동기는 개인이 사회·문화적 환경과 상호작용하는 과정에서 발생된다고 보고 외부환경과의 상호작용에서 학습이 이루어져 개인의 동기가 다양화될 수 있다고 본다.

(2) 동기 유형

① 성취동기: 조직 내에서 자기성취, 자기발전 등 자아실현욕구 실현을 추구하는 동기를 말한다.
② 권력동기: 존경욕구와 정치적 욕구와 관련되는 동기이다.
③ 소속동기: 소속감에서 주는 만족감으로서 사회적 욕구와 관련되는 동기이다.

(3) 성취동기가 강한 성격의 특성

① 문제해결에 대한 개인적 책임감이 강하다.
② 목표설정을 현실적인 수준에서 설정하고 도전을 지속하는 가운데 목표수준을 높여 나간다.
③ 자기활동에 대한 계산된 구체적인 환류를 바라고 있다.
④ 불필요한 대인관계보다는 목표 지향적 관계를 선호한다.
⑤ 개인적 목표성취의욕만큼 다른 사람의 목표도 중시하면서 손해를 입히려 하지 않는다.
⑥ 성취동기가 너무 강한 면이 다른 사람에게 때론 오해를 불러일으킬 수도 있지만 설명보다는 행동으로 보이는 특성을 가지고 있다.
⑦ 실패는 성공의 밑거름으로 인식하고 또 다른 도전을 즐기면서 목표수

준의 향상이 이루어진다.

4. Ramos의 성격유형론

라모스는 프레스더스의 조직인의 성격유형에 괄호인을 추가하여 설명하고 있는데, 괄호인은 쇄신적, 비판적 이상형으로서 환경조건을 괄호 안에 넣고 객관적으로 비판할 수 있는 능력을 가진 사람을 말한다.

5. C. Cotton의 권력균형화 유형론

(1) 독립인형

상급자나 조직에 대하여 가능한 한 개입을 하지 않으면서 조직과의 연관을 피하려는 유형이다.

(2) 외부관심형

조직 구성원이 자신의 욕구충족을 조직 외부에서 추구하려는 속성을 가진 유형이다.

(3) 조직인형

자신을 중심으로 조직을 이끌어 가려는 성향을 가진 상급자 층이 해당된다.

(4) 동료형

같은 속성을 가진 계층이나 부류의 사람들과 어울리면서 소규모의 비공식 집단을 구성하면서 상관이나 조직의 간섭을 배제하는 유형이다.

03 후기 인간관계론(동기부여이론)

1. 의의

(1) 개념

① 동기부여란 조직 구성원의 동기를 유발시켜 직무수행 증진을 도모하여 조직의 효과성을 높이는 것이다.

② 후기 인간관계론은 동기부여이론이라고도 하며, 인간에 대한 조직행태학에 관한 이론으로서 조직 구성원을 효율적으로 관리하여 조직의 목표달성에 기여하고자 인간의 욕구를 연구하며, 메이요 교수의 인간관계론을 더욱 발전시킨 후기 인간관계론을 말한다.

③ 후기 인간관계론은 후에 리더십, 의사전달, 인사행정에서의 인사상담 제도, 고충처리 및 제안제도 등을 낳게 하였으며, 욕구이론과 과정이론으로 구분 발전되었다.

(2) 동기부여이론의 유형

① 내용이론(욕구이론): 동기를 유발하는 요인을 욕구라고 보고, 욕구의 내용과 요인이 무엇인가를 찾아내고 설명하고자 하는 이론이다.

② 과정이론(기대이론): 어떤 과정들을 통해서 동기가 유발되는 과정을 설명하려는 이론으로 동기유발의 변수(개인의 기대치, 수준 등)들이 상호작용하여 직무행동으로 연결되는 과정을 설명하려는 입장이다.

내용이론과 과정이론의 비교
1. **내용이론**: 욕구충족 → 동기유발(생산성 향상)
2. **과정이론**: 욕구충족 → 개인의 기대치, 수준 충족 → 동기유발(생산성 향상)

2. 욕구이론(내용이론)

(1) Maslow의 욕구 5단계 이론

① 개념

㉠ 매슬로우는 인간의 욕구는 다섯 계층으로 우선순위를 이루고 있고, 하위욕구의 만족은 동기부여가 발생하여 다음 상위욕구로 진전된다는 만족 - 진행접근법의 입장이다.

㉡ 어떤 욕구가 충족되면 그 욕구의 강도는 약해지며, 충족된 욕구는 일단 동기유발의 요인으로서 상실되며, 욕구의 충족은 물론 억제도 동기부여의 원인이 된다고 한다.

㉢ 인간은 무엇인가를 필요로 하는 결핍의 존재이므로 충족되지 못한 어떤 욕구들을 충족시키기 위해서 동기가 유발된다. 그리고 일단 충족된 욕구는 더 이상 동기로서의 기능을 갖지 않으며, 충족되지 않은 욕구만이 행동을 일으킨다.

㉣ 각 단계별 욕구는 완전히(100%) 만족이 되었을 때 상위욕구로 동기부여를 유발하는 것이 아니라 어느 정도 만족한 상태에 도달하면 다음 단계의 욕구로 이동한다.

② 이론적 배경

㉠ 인본주의 심리학을 성립시킨 매슬로우는 동기(Motivation)를 이해하는 데 유용하다고 판명된 인간의 욕구 위계에 대한 이론을 발전시켰다.

ⓛ 매슬로우는 그의 저서인 「동기와 인성(Motivation and Personality)」
과 「우정신학적 관리(Eupsychian Management)」를 각각 주장함으로
써 인간의 동기를 이해하는 데 긴요한 인간의 욕구 계층을 주요내
용으로 하는 이론을 제시하였다.

ⓒ 매슬로우의 이론은 오늘날 조직관리 실무자들에게 널리 이해되어
왔으며, 1943년 처음 소개된 이후 1950년대 후반까지는 임상심리
학의 영역에 속해 있었으나, 작업 과정에서 동기의 역할을 중요시
하면서 1960년대 초부터 조직 내 인간행동 연구의 이론적 모형으
로 활용되었다.

③ 욕구 5단계론

ⓖ 생리적 욕구: 최하위층에 있는 제일 먼저 추구하는 욕구로서 의식
주·휴식에 대한 욕구, 성적 욕구 등 기초적인 욕구를 말한다.

ⓛ 안전욕구: 신체적인 위험·위협에 대한 안정추구와 경제적인 측면과
질서안정에 대한 요구를 말한다.

ⓒ 사회적 욕구: 애정욕구로서 조직 내에서의 대인관계, 집단에 대한 소
속감 등의 욕구를 말한다.

ⓔ 존경욕구: 존경에 대한 욕구는 사람이 스스로 자긍심을 가지고 싶어
하고, 다른 사람들이 자기를 존중해 주기 바라는 욕구이며, 지위·
명예·위신·인정 등에 대한 욕구 등을 포함한다.

ⓜ 자아실현복구: 자아성취·자기발전·창의성과 관련되는 욕구이다.

④ 욕구단계설이 경영학이나 조직행동론에 갖는 의미

ⓖ 경영자들로 하여금 인간의 욕구에 대한 체계적인 인식을 최초로 갖
게 해 주었다.

ⓛ 종업원의 하위욕구를 어느 정도 충족시켜 준 후에도 동기부여효과
를 지속적으로 얻기 위해서는 상위욕구를 충족시켜 줄 수 있는 조
직분위기 조성의 중요성을 일깨워 주었다.

⑤ 매슬로우 욕구 5단계 이론의 한계

㉠ 욕구의 5단계는 계층별로 명확히 구분 및 분리되어 있는 것이 아니고 중복되면서 나타날 수 있다.

㉡ 욕구는 하위단계의 순서대로 나타나거나 진행되는 것이 아니라 개인별 또는 상황별로 다르게 나타나는 상황을 무시하고 있다. 즉 사람의 능력, 상황 또는 지적 수준의 차이에 따라 반드시 생리적 욕구부터 추구할 수 는 없을 것이다.

㉢ 욕구충족이 동기부여를 가져온다는 것은 맞는 관점이지만 반면에 욕구불충족의 상황에서 인간은 불만을 충족시키기 위해 새로운 대안을 모색하고 개발하는 노력을 할 수도 있다는 점을 간과했다.

㉣ 사회 구성원인 인간은 매슬로우가 말하는 욕구 이외에도 사회규범이나 제도 등에 의해서 지배받고 행동한다는 것이다.

㉤ 각 계층의 욕구가 하나씩 나타나지 않고 동시 또는 복합적으로 나타날 수도 있다.

㉥ 생리적 욕구와 같은 본능적 욕구는 한번 완전히 충족된다고 해서 욕구불만이 다시 나타나지 않는다고 본 점 등이 한계로 지적된다.

(2) Alderfer의 ERG 이론

① 알더퍼는 매스로우의 5단계 욕구를 비판하면서 3단계로 통합하여 재분류하고, 욕구충족이 좌절되면 퇴행을 한다고 보았다. 그리고 두 가지 이상의 욕구가 동시에 나타난다고 주장한다.

② 욕구 내용: E(existence, 존재욕구), R(relatedness, 관계욕구), G(growth, 성장욕구)

(3) D. Mcgregor의 X, Y이론

맥그리거는 인간의 유형을 X와 Y형으로 분류하고 각각의 특성을 설명하고 있다.

① X형: 저차원적 욕구 지향

　㉠ 특성

　　㉮ 생리적 욕구와 안정욕구를 우선 추구

　　㉯ 인간은 물질적 보상에 집착하는 수준으로서 합리적·경제적·이기적·자기중심적 존재

　　㉰ 피동적·타성적 인간의 특성: 천성적으로 일을 싫어함

정의　㉱ 타인에 대한 의존성과 책임회피의 성향

　　㉲ 현재 상태유지, 보수적, 변화에 대한 저항과 부적응 능력

　㉡ 관리전략

　　㉮ 생리적 욕구 및 안전욕구의 우선 충족

　　㉯ 물질적 보상체계의 마련 및 강화

　　㉰ 조직의 강제적 규범과 엄격한 통제 및 감독체제, 권위적 리더십

　　㉱ 보상과 제재의 조화

　　㉲ 공식조직과 계층제 중심으로 행동범위 제한

② Y형: 고차원적 욕구 지향

　㉠ 특성

　　㉮ 하위욕구보다 상위욕구를 우선 추구: 사회·심리적 욕구 및 자기실현 욕구

　　㉯ 조직목표와 개인적 목표이 조화 추구

　　㉰ 창조적·진취적·미래 지향적

　　㉱ 조직의 목표달성을 중시하고 조직규범을 준수

　　㉲ 자율성과 자기규제 능력 소유

　㉡ 관리전략

　　㉮ 조직 내에서 추구하는 자아실현욕구 등과 조직의 목표와의 조화·통합으로 유도

　　㉯ 민주적 리더십으로 관리

　　㉰ 분권화와 권한위임체제

㉣ 비공식조직의 인정과 활용

③ X형 인간이론과 관리전략의 비판
㉠ 인간은 상위 욕구충족에 대한 관심이 내재적으로 존재하고 있는데, 이를 경시하고 있다.
㉡ 인간은 생래적으로 동물과는 달리 성장·발전하려는 욕구가 있는 존재이다.
㉢ 지나친 인간의 존재가치에 대한 경시는 인간을 더욱 피동적으로 만든다. 관리자는 이러한 수동적 특성을 능동적으로 변화시킬 책임이 있다.
㉣ 매슬로우의 이론에 대한 비판과 마찬가지로 하위욕구는 일단 충족되면 동기부여가 되지 않고, 상위 욕구가 충족되어야 동기부여가 발현된다는 점을 인식하지 않았으며, 이러한 관리전략으로는 상위 욕구로의 동기부여가 어려워진다.

④ Y형 인간이론과 관리전략의 비판
㉠ 전체적으로 인간의 유형을 양분화시켰다.
㉡ 인간은 상황에 따라 욕구와 이에 따른 행위가 달라질 수 있으므로 Y형과 X형의 관리전략이 정확히 인간유형에 따라 양분화되기 어려우며, 때로는 Y형의 인간에게도 강력한 통제제제가 더 효과적일 수도 있다(위기시나 신생조직의 경우).

(4) Z이론

① Lundstedt의 Z이론: 인간모형은 타인의 간섭·감독·통제를 싫어하며 구속을 탈피하려는 속성을 가진 복잡한 인간유형으로서 자유방임적 관리전략이 필요하다.
② Lawless의 Z이론: 복잡한 인간을 전제로 구체적인 상황에 따라 관리방식은 변동되어야 한다고 보고, 상대적·신축적·상황적응적 관리를 주장하였다.

③ Ouchi의 Z이론: 가족경영방식

　　㉠ 의의: 일본계 미국학자인 오우치는 1970년대 미국에 있는 일본의
　　　　자회사에서 미국의 문화를 바탕으로 한 관리방식보다 일본식 관리
　　　　방식에 약간의 미국식이 더 생산성이 더 높다는 것을 발견해 냈다.

　　㉡ 선호하는 관리방식

　　　　㉮ 종신고용제　　　　　　㉯ 순환근무・장기적 승진제도

　　　　㉰ 비전문적 경력통로　　　㉱ 내적 통제와 개인적 책임 강조

　　　　㉲ 공동체 인식, 참여와 집단적 의사결정

　　　　㉳ 연공서열 중심관리

④ Schein의 Z이론(복잡인관): 현대적 인간의 유형은 복잡하고 다양한 욕
　구체계와 고도의 변이성을 지닌 존재이므로 상황에 따라 다양한 관리
　전략의 필요성을 주장하였다.

⑤ Bennis의 Z이론: 유기적 조직에서 나타나는 탐구형 인간으로서 재량
　과 창의성을 부여해 주어야 하며, 비정형적 프로그램 적용이 효과적
　인 유형이다.

(5) F. Herzberg의 욕구충족요인 이원론

① 의의: 허즈버그는 매스로우의 이론을 수정하면서 인간을 상호 독립된
　두 가지의 상이한 요구체계로 파악하는 이분법적 동기요인으로 구분
　하였는데, 욕구차원을 불만과 만족으로 구분하고, 두 차원의 요인은
　서로 다르다는 욕구충족요인 이원론을 제시하였다.

② 욕구차원

　　㉠ 불만요인(위생요인): 조직의 정책・목표, 규정, 감독, 근무조건 및 기
　　　　술, 지위, 안전, 보수, 감독자와의 대인관계 등

　　㉡ 만족요인(동기요인): 직무에 대한 성취감, 직무자체(직무내용), 보람,
　　　　타인 인정, 책임의식, 승진(발전 및 성장) 등

③ 특성

　㉠ 불만요인(위생요인)은 X론적 욕구 수준의 내용이며, 충족되지 않으면 구성원들이 불만족을 느끼지만 충족되더라도 직무수행 동기를 유발시키지 않는다.

　㉡ 직무조건 및 환경이 개선되면 불만을 축소시켜 사고 등을 방지하게 되며, 불만이 제거되면 지속 유지되는 것이 아니라 근무태도의 단기적 동기부여만 가져올 뿐이다.

　㉢ 만족요인(동기부여요인)은 Y론적 차원의 욕구수준으로서 만족의 반대는 불만족이 아니라 만족이 아닌 상태로서 동기요인과 위생요인은 상호독립되어 있는 별개로 인식했다.

　㉣ 만족요인은 동기유발요인으로서 직무자체에 관련되며, 근무의욕을 일으키는 요인으로서 근무의욕, 소속감, 성취감 같은 내재적인 조건에 의해 이루어진다.

　㉤ 인간의 욕구는 불만과 감정에 대하여 별개로 작용한다.

(6) C. Argyris의 미성숙 – 성숙이론

① 의의

　㉠ 아지리스는 인간유형을 미성숙(X론적 유형)과 성숙한 인간(Y론적 유형)으로 분리하고 관리전략을 달리해야 한다고 보았다.

　㉡ 맥그리거의 이론적 가설에 입각한 관리방식의 정당성으로 현대 미국의 대다수 사람들이 미성숙한 인간으로 취급당하고 있다고 보고, 이러한 상황을 설명하기 위해 조직의 가치 체계를 관료적 피라미드형 가치체계와 인간중심주의적 민주적 가치체계로 분류 비교하였다.

　㉢ 관료적 피라미드형 가치체계와 인간중심주의적 민주적 가치체계

　　㉮ 관료적 피라미드형 가치체계에서는 자연스럽고 자유로운 감정의 표현이 허용되지 않기 때문에 구성원 사이의 인간관계는 불신을 낳게 되고 결과적으로 조직의 대인 능력이 저하된다는 것이다.

공식 조직 내에서 중요한 인간관계란 집단목표 달성에 관련된 것이고, 인간관계의 유효성은 행동이 합리적이고 이론적인 경우의 의사소통에서 증대되기보다는, 감정적인 행동에 의해 증대된다는 것이다. 또한 인간관계는 합리적인 행동과 목표달성을 강조하는 적합한 상벌을 세밀하게 규정한 지시와 권한 및 통제에 의해서 가장 효과적으로 영향을 받는다는 것이다.

㉯ 인간중심주의적 민주적 가치체계가 형성된 조직에서는 신뢰가 구축되어 구성원 간 대응능력이나 집단 간의 협동 등이 증가하여 조직효과 증진에 기여한다는 것이다.

㉰ 아지리스는 산업조직을 통해 조직의 관리방법이 개인의 행동과 성장에 어떤 영향을 미치는가를 연구하였는데, 종업원들 사이에 무관심과 관리노력이 부족함을 발견하였으며, 그 결과 그들은 미성숙한 행동을 하게 된다고 주장하였다. 따라서 조직과 개인의 목표와 조화를 통해 목표달성의 효과성을 증진시키기 위해서는 개인의 퍼스널리티를 성숙, 실현시킬 수 있는 방향에서 조직구조와 관리 방법이 확립되어야 한다는 것이다.

② 특성

㉠ C. Argyris는 인간의 인격과 성격은 미성숙 상태로부터 성숙 상태로 변화하며, 조지이 구성원을 성수한 인간으로 발전하두록 관리하여야 한다고 보고 있다.

㉡ 인격의 성숙상태는 인간의 기본적 욕구로서 모든 개인은 조직 속에서 그러한 상태에 도달하고자 노력하며, 유지하고자 한다는 것이다.

㉢ 반면에 그는 전통적인 조직의 구성방법과 운영원리는 구성원의 욕구실현을 위한 노력과는 상충된 원리로서, 조직과 개인의 괴리현상을 가져온다는 것이다. 그리고 구성원을 성숙상태로 발전하도록 하는 것이 아니라 미성숙 상태에 머물도록 구속한다는 것이다.

㉣ 아지리스는 구성원의 미성숙 상태에 머무르지 않도록 직무확대·참

여·구성원 중심적 리더십과 현실을 고려한 리더십이 효과적이라고
보고 있다.

ⓜ 성공의 경험이 축적됨에 따라 생기는 심리적 에너지가 중요하다고
강조하였으며, 개인이 조직을 통해 자아를 실현하는 동시에 조직은
개인을 통해 자아를 실현하는 과정으로 보고, 개인과 조직이 상호
작용하는 것으로 인식하였다.

③ 유형의 특성
ⓖ 미성숙 인간(X형): 피동적, 의존적, 단순한 행동, 변덕, 단기적 목표
추구, 자아의식의 결여
ⓛ 성숙 인간(Y형): 능동적, 독자적, 다양한 행동, 일관적 행동, 장기적
목표 추구, 평등성 강조, 지위상승 욕구, 강한 자아의식과 자율적
통제능력 구비

④ 아지리스의 악순환 이론
ⓖ 아지리스는 조직의 활성화를 위해서는 인간의 에너지를 증진시키는
것이 가장 중요하다고 주장하였는데, 그러한 영향을 주는 요인으로
조직에 투입되는 에너지로 보고, 물리적·기계적 에너지, 생리적
에너지, 심리적 에너지로 구분하였다.

ⓛ 조직과 개인은 목표추구 과정에서 상호작용을 하는데, 이러한 상호
작용 과정을 악순환 과정으로 파악하였다.

ⓒ 악순환의 과정: 심리적 에너지를 증가시키는 것을 저해하는 조직관리
방식(합리성의 강조, 공식적 기준에 의한 관리, 지시·처벌·통제중
심적 관리)은 개인이 조직에 부담감과 부적응, 좌절감·실패감과 같
은 심리적 갈등과 불안을 가져와 조직의 분위기 침체로 이어지고,
이는 또 다시 구성원에게 심리적 부담을 주는 악순환을 가져온다.

ⓔ 동태적인 관리체제를 강조하며, 조직목표와 개인목표 간의 딜레마
가 존재하고, 동기부여는 개인의 심리적 성공감에서 나오는 에너지
에 의해 좌우된다.

(7) Likert의 관리체제론

① 체제 I (착취적 권위형): 관리자는 부하를 신뢰하지 않으며, 의사결정 과정 등에서 참여를 배제한다.
② 체제 II (온정적 권위형): 관리자는 부하에 대하여 배려하는 유형이지만 하향적 의사전달을 선호한다.
③ 체제 III (협의적 민주형): 관리자는 부하에 대한 어느 정도 신뢰를 바탕으로 의사전달은 쌍방향으로 이루어지고 참여를 권장한다.
④ 체제 IV (참여적 민주형): 관리자와 부하의 관계는 신뢰를 구축하고 있는 상향적 의사전달의 폭이 더 넓으며, 참여는 공식화되어 있다.

(8) Mcclelland의 욕구론

조직 내에서 인간은 성취, 권력, 관계욕구를 획득하려고 노력한다는 관점의 이론이다.

(9) Hackman & Oldham의 직무특성이론

① 의의: 직무특성이 직무수행자의 성장욕구 수준에 부합될 때 긍정적 동기가 유발된다. 개인의 성장욕구 수준이 직무특성과 심리상태, 심리상태와 성과 간의 관계를 결정하는 변수로 작용한다는 것이다. 즉 직무내용과 자신의 적성 여부와 비교하고 자신의 발전을 예상해 보게 된다.
② 직무의 특성 요소: 기술적 다양성, 정체성, 직무의 중요성 수준, 직무수행의 자율성, 환류
③ 최고조의 동기부여 발생 조건: 환류와 자율성이 인정되는 가운데 개인의 성장욕구가 강할 때

(10) Murray의 명시욕구이론

① 의의: 자신이 그 일에 성공하고 싶은 욕구의 강도에 따라 동기부여가

나타난다. 성장 과정에서 자연적으로 학습과 경험에서 얻어진 욕구이며, 그 욕구는 방향(욕구충족의 대상)과 강도(욕구의 중요성)로 구성되며 욕구발현은 적당한 환경의 조성이 필요하다.

② 내용: 매스로우의 인간 행동을 유발하는 욕구연구 면에서는 유사하나 순차적으로 욕구가 진행되는 것이 아니라 복수의 명시적인 욕구가 동시에 인간 행동 유발에 영향을 준다고 보았다.

(11) McCoby의 이원론

① 의의: 외적 및 내적 요인으로 분류하고 이 두 요인이 모두 긍정적으로 작용할 때 강한 동기부여가 발생한다고 보았다.

② 요인의 유형
  ㉠ 외적 요인: 승진, 보수, 안전 등과 같은 유인체계
  ㉡ 내적 요인: 자아완성, 추구하고 싶은 임무, 보람 있고 가치 여부 문제 등

🔲 욕구이론의 X, Y론적 구분

맥그리거 (X · Y론)	매슬로우 (욕구 5단계론)	알더퍼 (ERG이론)	허즈버그 (욕구이원론)	아지리스 (성숙 · 미성숙)	리커트 (관리체제론)	리피트 (리더십모형)
X론	생리적 욕구 안전욕구	생존욕구	불만요인 (대인관계)	미성숙인	체제 I 체제 II	권위형
Y론	사회적 욕구 존경욕구 자아실현욕구	관계욕구 성장욕구	만족요인	성숙인	체제 III 체제 IV	민주형

3. 과정이론(기대이론)

(1) 의의

① 과정이론이자 기대이론은 내용이론과는 달리 동기부여가 발생하는 과정적 측면을 중시하였다.

② 구성원 개인의 동기부여의 강도를 성과에 대한 기대와 성과의 유의성에 의해 설명하려는 이론이다.

③ 욕구충족과 직무수행의 관계가 직접적으로 연결되는 것이 아니라 만족과 동기유발 사이에는 개인의 주관적인 평가 과정, 즉 다른 기대치가 존재한다는 입장이다.

(2) V. Vroom의 기대이론

① 동기유발에 대한 과정이론으로서 내용이론과 같이 만족과 동기부여가 직접 연결되지 않는다고 보았다. 즉 만족과 동기부여 사이에 개인적·주관적인 기대치가 다르며, 그 기대치가 충족되었을 때 생산성의 동기유발로 연결된다고 본다.

② 개인의 동기는 수단성, 기대감, 유의성에 의해 결정되며, 개인은 노력에 대한 성과가 있고, 그 성과에 따라 상여금, 임금인상, 승진과 같은 보상을 조직으로부터 부여받아 만족을 얻게 되어 더 높은 수준의 노력을 발휘하도록 동기가 유발된다.

  ㉠ 기대감(Expectancy): 노력에 따른 성과 기대를 예상하는 주관적인 기대치를 말한다. 즉 자신이 노력한 일정한 수준의 성과를 달성한다는 기대이다.

  ㉡ 수단성(Instrumentality): 성과가 만족할 만한 수준의 보상을 가져다줄 것이라고 믿는 정도로서 주관적 확률판단을 말한다.

  ㉢ 유의성(Valence): 유인가라고도 하며, 어느 한 개인이 원하는 특정한 보상에 대한 선호의 강도이다. 즉 보상에 대한 주관적 가치판단이다.

③ 근무성과에 미치는 요소로서 직원의 노력과 능력, 기타 환경적 요인 등을 들고 있다. 따라서 자신의 노력만큼 높은 근무성적을 낼 수 있다고 생각할 때, 그 근무성적이 자신의 승진에 주요 요인으로 작용된다고 인식할 때, 승진이 매력적인 것으로 간주하는 경우에 동기부여가 된다.

④ 이론에 대한 평가
  ㉠ 긍정적 측면: 동기부여가 일어나는 과정을 설명하였으며, 개인과 조직목표 사이의 관련성을 명확히 하였다. 매우 단순한 접근법을 취한 동기부여의 내용이론과는 달리 동기부여가 발생하는 복잡한 상황을 설명해 줄 수 있다.
  ㉡ 부정적 측면: 구성원의 동기유발에 대한 구체적인 제안을 제시하지 못하고 있으며, 개인에 대한 동기유발의 과정만을 취급하고 집단에 대한 동기유발 측면은 다루지 않았다(집단의 동일화나 단결심).

(3) Adams의 형평성 이론

① 개념
  ㉠ 공정이론이라고도 하며, 타인과 비교하여 공정하게 대우받았느냐, 불공정하게 대우받았느냐에 문제가 동기부여에 영향을 준다는 이론이다.
  ㉡ 즉 직무에 대한 공헌도와 보상을 다른 사람의 그것과 주관적으로 비교·평가하여 그 평가결과에 따라 동기부여의 행동이 나타난다고 본다.

② 주요내용
  ㉠ 업무에서 공정하게 대우를 받으려고 하는 욕망이 개인으로 하여금 동기를 유발시킨다고 가정한다.
  ㉡ 조직에서 공정한 보상의 중요성을 인식시켜 준다는 점에서 의의가 크다.
  ㉢ 불공정성을 해소시키고 형평성을 추구하기 위한 행동에는 투입과 산출에 대한 본인의 지각을 바꾸는 것과 준거인물을 바꾸는 것 등이 있다.
  ㉣ 다른 사람과 비교하여 공평한 대우를 받았을 경우에는 만족을 느껴 동기부여가 발현되지 않는다. 반대로 불공정한 대우를 받게 되면

자극을 받아 이를 시정하기 위해 무엇인가를 하려는 동기가 유발되게 된다고 가정하고 있다.

ⓜ 따라서 관리자는 조직의 효과성 증진을 위해 대우의 차이를 통해 구성원들이 동기부여를 갖도록 경쟁심을 유발시키는 전략도 필요하다.

ⓗ 사람들은 그들의 노력에 대한 소득의 비율을 타인과의 그것과 비교·평가를 통해 그 결과에 따라 그들이 공평한 대우를 받고 있는지의 여부에 대하여 신념을 형성한다.

ⓢ 기대이론과 비교해 볼 때, 인간의 심리적·내면적인 인식과 지각 과정을 통해서 동기유발이 나타난다는 측면에서는 공통점이 있지만 직무수행 수준의 선택측면에서 소득과 보상이 최대로 기대되는 직무수행 수준을 선택한다는 것이 기대이론이라면, 개인별 내적 준거기준에 비추어 공평한 직무수행수준을 택한다는 것이 형평이론이다.

(4) Skinner의 순치이론

① **개념**: 순치이론(馴致理論)은 외적 자극이나 제재에 의해 학습과 행동이 유발된다고 보고, 그 과정을 설명하는 이론으로서 행태주의자들의 동기이론, 학습이론, 보강 또는 강화이론, 조건적 행동이론이라고도 한다.

② 내용

ⓘ 순치, 시행착오적 학습이란 평소 개인행동의 결과가 축적되어 온 경험 및 학습으로 인한 행동의 가능성 또는 빈도를 말하며, 행동을 유발케 하는 강화물은 사람에 따라 차이가 있다.

ⓛ 그 과정에서는 보강 또는 강화·처벌 등의 유인기제(誘因機制)가 작용한다고 주장한다.

ⓒ 순치이론의 이론적 구조는 첫 번째 행동에 선행하는 환경적 자극, 즉 그러한 행동이 나오도록 유발시키는 외부요건, 두 번째 자극에 반응하는 행동, 세 번째 행동의 결과에 대한 유인기제로 처벌 또는 강화가 수반되는 세 단계로 구성되어 있으며, 이들의 연속적 관계를 설명하고 있다.

㉣ 따라서 구성원을 조직이 바라는 방향으로의 바람직한 행동이 반복
되도록 학습시켜야 하며, 반대로는 바람직하지 못한 행동이 나타나
지 않도록 하는 유인기제 활용의 전략을 연구하는 이론이다.

㉤ 업무성과에 따른 인센티브 지급 시 그 간격이나 비율 스케줄의 중
요성 강조한다(예, 월급 및 상여금).

③ 유인기제의 종류

㉠ 보강(Reinforcement) 또는 강화: 강화로서 바람직한 행동이 반복될
빈도수를 높이는 유인기제(수단)를 말하며, 선행자극(경험 등)과 행
동의 연계는 보강을 적용하고, 반대일 경우는 처벌로 처방한다. 강
화의 유형은 적극적 강화와 소극적 강화가 있다.

㉮ 적극적 강화: 반복행동을 원하는 상황을 부여하는 것(보상)

㉯ 소극적 강화: 반복행동을 원하지 않는 상황을 제거해 주는 것(불
편을 느끼는 상황이나 조건을 제거)

㉡ 처벌(Punishment): 강화의 반대로서 바람직하지 못한 행동이 반복되
지 않도록 만드는 유인기제이다(아동에 대한 회초리, 시범 케이스적
처벌 등).

㉢ 중단(Extinction): 유인기제의 적용을 더 이상 하지 않는 것을 말하
며, 자극의 중립이라고도 한다.

(5) Porter와 Lawler의 업적·만족이론

① 포터와 롤러는 욕구이론의 개념구조에 대해 비판하면서 반대로 직무
수행의 성취수준이 직무만족 요인이 될 수 있다고 주장하였다.

② 인간이 원하는 것을 얻으려는 노력에 의하여 결과가 업적으로 나타나
며, 개인의 만족은 업적에 의하여 결정된다고 전제하고 있다.

③ 성취하고자 하는 노력의 정도는 업적과 보상에 대해 인식하고 있는
개인적 가치와 잠재적 보상에 대한 기대에 따라 다르게 행동하게 된
다고 보고 있다.

④ 주관적 기대감에 의해 동기유발이 발생하는데, 그 과정은 노력 → 성과 → 보상 → 만족으로 이어진다.

(6) Georgopoulos의 통로·목표이론

① 지오고폴로스는 개인의 심리적 차원에서 작용하는 요인을 밝혀냈다. 즉 개인적 목표에 이르는 통로로서 생산성이 갖는 수단성 내지 효용성에 대한 작업자의 인식 또는 지각을 중시하고 있다.
② 작업자들은 공통적으로 일정한 목표를 가지고 있으며, 목표성취를 통해 욕구를 충족시키려 노력하고, 인간의 행동은 합리성과 이익 지향적·이해관계·목표 지향적 의사결정의 결과물이라는 가정에서 목표달성의 과정을 통로개념으로 설명하고 있다.

(7) Atkinson의 기대이론

개인의 동기는 두 가지 교환작용에 의해 결정되는데, 실행에 따른 성취동기(적극적 동기)와 미실행을 통한 회피동기(소극적 동기)로 이루어진다. 즉 성공가능성에 대한 성취동기로 실행이 이루어지지만 실패에 대한 두려움으로 실행을 회피하려고 한다는 것이다.

(8) Locke & Latham의 목표설정이론

목표설정 자체가 인간들의 인지에 영향을 주고 동기를 유발시킨다고 본다. 즉 인간의 행동은 의식적인 목표와 성취의도에 따라 결정된다고 보기 때문에 목표와 방향이 명확할수록 도전의식이 강해지므로 성취동기가 강해진다는 것이다.

(9) E. Berne의 의사거래분석

인간의 내면에는 성숙한 면(어른 수준)과 미성숙(아이 수준)의 두 심리가 동시에 존재하고 있으며, 이러한 자아의 심리가 자극을 받으면 행동으로 연결된다고 보고 있다. 그러므로 관리자는 어느 심리를 자극해야 목표달성에 유용한가를 판단해야 한다.

<내용이론과 과정이론의 구분>

구 분	해당 이론	
내용이론(욕구이론)	① Maslow의 욕구위계이론(욕구 5단계)	② Alderfer의 ERG
	③ Herzberg의 동기위생요인(욕구충족이원론)	④ McGregor의 XY론
	⑤ Argyris의 성숙 미성숙이론	⑥ Mcclelland의 욕구론
	⑦ Z이론	⑧ Likert의 관리체제이론
	⑨ Hackman과 Oldham의 직무특성이론	⑩ McCoby의 이원론
	⑪ Murray의 명시욕구이론	
과정이론(기대이론)	① Vroom의 기대이론	② Adams의 형평성(공평성)이론
	③ Skinner의 강화(순치, 학습)이론	④ Porter와 Lawler의 업적 만족이론
	⑤ Georgopoulus의 통로목표이론	⑥ Atkinson의 기대이론
	⑦ Locke & Latham의 목표설정이론	⑧ Berne의 의사거래분석

조직변동과 혁신

01 조직의 변동

1. 조직변동의 의의

(1) 개념

조직은 끊임없이 변화하는 동태적 유기체로서 조직의 환경변화와 환경의 주체인 고객욕구의 다양성은 조직으로 하여금 성장과 발전을 요구하고 더 나아가서는 생존을 위한 환경적응을 위한 변동관리 전략이 절실히 요청된다.

(2) 조직변동과 조직문화

① 조직변농의 동인으로서의 조직문화(문화형성의 기제는 사회화)는 그 조직의 문제점을 정의해 주고 해결해 주는 속성의 기능을 갖는다.
② 조직의 변동을 추구하기 위해서는 조직문화를 변화시키는 것을 전제로 하며, 또 조직변동을 성공으로 유도할 수 있다.
③ 특히, 조직의 지도자는 조직문화를 잘 파악하여 조직문화를 통한 조직의 변동의 시도가 효율적이다.

2. 조직문화의 형성

(1) 개념

조직의 문제는 대내적 통합에서 시작하여 환경적응과 더 나아가서는 생존을 추구하는 것인데, 이러한 문제를 성공적으로 해결해 주는 다양한 방안을 수용하고 흡수하는 데에서부터 문화는 형성되기 시작된다.

(2) 문화의 정착

조직의 문제발생 시 해결방안에 결부된 가치를 구성원들이 의식적으로 종종 채택하고 익숙해짐에 따라 문화는 정착된다.

3. 사회화를 통한 조직문화의 보존

(1) 용어정의

① 사회화: 사회와 상호작용을 이루는 것을 말하는데, 사회체제에 존재하고 있는 규범, 관습, 가치관 등에 적응하는 과정이다(재사회화는 일차적으로 사회체제와의 관계에서 사회화를 이루고 사회 내의 특정 조직에 속해 있으면서 그 조직의 새로운 지식과 기술을 학습하면서 이루어지는 것을 말하는데, 따라서 엄밀히 말하면 조직문화와의 상호작용은 재사회로 보아야 한다).

② 조직문화: 재사회화를 이루는 틀로 후속세대에게 전수되어 지속적으로 유지, 보존되는데, 모방과 학습에 의해 전이되기도 한다. 또한 조직에 대한 충성심과 복종을 유발시키고 조직의 생산성과 경쟁력을 좌우하기도 한다.

③ 문화전수: 문화전수의 핵심 과정은 사회화(socialization)인데, 사회화는

문화보존의 수단이면서 문화를 바꾸려는 의식적인 전략수단으로 기능하기도 한다.

(2) 의의

① 조직 구성원들은 사회화를 통해 필요한 가치, 능력, 대인관계에 필요한 지식 등을 습득한다(엄밀히 말하면 재사회화). 구체적으로 자기의 역할과 기능행태를 익히고 업무수행능력을 증진시키고 규범과 가치에 적응할 수 있게 된다.

② 사회화는 후속세대나 신참자의 문화변용 또는 문화접변(다른 문화와의 접촉으로 인한 변화현상 또는 변용 과정, acculturation)을 일으켜 조직 전체의 문화적 통합성을 유지시킨다.

(3) 신참자가 조직에서 겪는 문화변용의 양태

① 동화(assimilation): 신참자의 인식이나 가치관이 조직의 문화에 일방적으로 흡수 또는 적응되어 신참자와 조직의 문화적 차이가 사라지는 결과이다(예 어떤 공무원이 조직에 자신의 가치관을 일치시키기 위해 노력했다).

② 격리(separation): 신참자가 조직문화를 거부하여 자신의 문화를 유지하려 하거나 조직문화에 적응하려는 능력이나 의욕이 없어 그들을 어떤 직무영역에서 분리 또는 고립시키는 것이다(제재형식을 취한 한직으로의 좌천 등).

③ 탈문화화(deculturation): 조직의 문화나 신참자의 개인문화 모두 신참자의 행태를 지배하지 못하고 그 영향력을 잃었을 때 나타나는 반응으로서 조직 구성원의 문화적 정체성은 모호해진다(예 조직의 문화나 신참자의 문화가 다 같이 그의 행태를 지배하는 영향력을 잃을 때 나타나는 반응).

④ 다원화(pluralism): 적응 과정에서 조직문화와 신참자의 개인문화가 서

로 상호 장점을 수용하고 변화를 추구하는 유형이다(예 어떤 구성원이 조직문화의 장점을 배우려는 노력).

조직문화의 전달과 계승 유형(김호섭 외)

1. 조직 구성원의 선발 수단

　조직 구성원의 선발 과정에서 조직의 규범, 가치관, 비전에 부합 또는 적극 수용의지가 있는 사람을 선발하여 조직 내의 마찰과 갈등이 최소화시켜 나간다.

2. 교육훈련 방법

　교육훈련은 조직문화의 적응 내지는 발전의 변화를 유도할 수 있는 가장 효과적인 방법이다(군사문화, 기업문화, 관료문화 등은 모두 교육훈련을 통해 이루어지고 강화된다. 특히 정신교육 등).

3. 조직사회화

　일차 사회체제 내의 사회화 이후 조직 내에 유입된 후 사회화를 재사회화, 조직사회화라 할 수 있는데, 조직사회화란 구성원들이 역할 수행 과정에서 자연스럽게 조직문화를 학습하고 적응해 나가는 과정을 의미한다.

4. 보상 시스템

　직무의 종류나 계층에 따라 적절한 평가시기와 방법을 정하여 탁월한 업무성과에 대해서는 보상이 주어져야 하며, 일탈자에 대해서는 제제가 제도적으로 운영되어야 한다.

02 조직혁신

1. 의의

(1) 개념

① 조직혁신이란 조직을 현 상태에서 조직이 원하는 방향 또는 미래발전적인 바람직한 상태로 변화시키려는 조직변동으로서 의식적·계획적·총체적인 활동을 의미한다.

② 조직혁신은 개혁과도 혼용해서 사용되며, 조직 내부의 변동과 조직 외적 변동을 추구하는 기간형성의 개념도 포함한다.

③ 리엔지니어링, 리스트럭처링과 같은 하드웨어적 혁신과 구성원의 가치관·이념·태도 등의 소프트웨어적인 변동까지를 포함한다.

④ 조직혁신은 조직 발전뿐만 아니라 조직의 정당성 및 생존력 증진을 위한 총력적인 에너지 합으로써 추진된다.

(2) 특성

① 목표 지향적·계획적·의도적·의식적·인위적·현상타파적·거시적·전면적 특성을 띠고 있다.

② 조직혁신은 개혁이므로 기존의 운영체계, 가치관, 기득권 등을 변화시키므로 저항을 수반한다.

③ 조직 내외적 요인이 복잡하게 상호작용하는 동태적 과정이다.

④ 개혁에 따른 저항을 극복하는 기술적 수단과 리더십 등이 매우 필요하며, 혁신철학 등이 필요하다.

⑤ 상황에 따라 급진적·점진적 개혁이 정해지지만 일반적으로 점진적 개혁을 바람직하고 성공률이 높은 것으로 학자들은 생각하고 있다.

⑥ 혁신의 주체는 국내자(조직내부인)와 국외자(조직외부인)로 나누어지며, 어느 주체든지 가능하다.

⑦ 조직의 구조적·기술적·행태적 측면의 개혁방법이 있다.

⑧ 우리나라의 경우는 구조적, 제도적 측면의 개혁방법이 주를 이루어 왔으며, 정치적 목적달성에 치중하여 왔다.

계획적 조직변화의 모형(김호섭 외)

1. 조직변화의 단계
   (1) 제1단계: 변화의 필요성 인지 계획적 변화는 조직 내외의 압력과 미래 예측으로 인해 변화의 필요성이 인지된다.
   (2) 제2단계: 조직의 전이 과정 변화의 필요성이 인정되면 조직의 실태진단, 문제점의 발견 과정, 변화담당자 선정, 개입 기법의 선택과 집행으로 전환되는 과정을 말한다.
   (3) 제3단계: 조직의 전이 과정 변화의 필요성이 인정되면 조직의 실태진단, 문제점의 발견 과정, 변화담당자 선정, 개입 기법의 선택과 집행으로 전환되는 과정을 말한다.
   (4) 제4단계: 새로운 업무관행 및 절차의 운영 변화의 결과로 나타난 새로운 조직구조나 운영체제가 실질적으로 작동하는 단계를 말한다.

2. 변화담당자
   (1) 유형: 국내자, 국외자, 혼합형
   (2) 역할
   ① 의료 모형: 변화담당자가 자문가로서의 역할 수행 모형이다.
   ② 공학 모형: 조직의 진단 과정과 대안선정 후 집행 과정에서 변화담당자의 도움을 구하는 모형이다. 즉 이직률 증가원인이 보상체계에 있다고 진단이 내려지면 보상체계 개선을 위한 관련 상담가를 초빙하는 것이다.
   ③ 과정 모형: 변화담당자와 조직 간의 실질적인 협조체제를 가정하는 모형이다. 양자가 함께 변화를 위한 진단, 집행, 평가활동을 하게 된다.

2. 조직혁신의 접근방법

(1) 구조적 접근방법(Structural approach)

① 조직의 구조적 요인에 치중하여 개혁을 수행하는 방법으로서 조직의 기본변수가 주된 대상이며, 우리나라의 역대 정권의 개혁방식이기도 하다.

② 개혁내용: ㉠ 조직의 신설 및 폐지, 축소와 확대, 통·폐합 ㉡ 기능·권한·책임범위의 재조정 ㉢ 통솔범위의 재조정 ㉣ 의사소통의 개선 ㉤ 분권화 추진 ㉥ 조직 내 절차의 명시 및 세분화 등에 중점을 둔다.

(2) 관리기술적 접근방법(Technological approach)

① 업무수행 절차와 처리기술의 측면에서 합리화를 추구하는 관리기술적 접근방법이다.

② EDPS(전자자료처리체계), PMIS(행정관리정보체계), DSS(의사결정 지원 체계), OR(운영연구), PERT(공정관리체계), 체제분석, 관리정보체제 등을 활용하여 관리기법을 개혁하는 것이다.

③ 개혁내용: 행정전산망 등 장비 및 수단의 개선, 직무활동의 재배치, 직무처리 순서의 조정 및 변경, 업무처리 절차의 간소화·신속화, 고객 중심적 업무처리의 개선, BPR 등을 통한 행정조직 내의 운영 과정 및 일의 흐름 개선 등 행정 과정에 새로운 분석기법을 적용한다.

(3) 인간행태적 접근방법(Human approach)

① 조직개혁의 대상은 구성원(공무원)이며, 이들의 행태, 즉 가치관, 의식, 태도 등을 변화시켜 조직전체의 혁신을 추구하는 접근방법으로서 조직 발전(OD)이 이에 해당된다.

② 기존의 혁신방법들이 구조적, 기술적 측면에 중점을 두어 왔다면 조직의 주체, 업무의 주체로서 조직 구성원의 변화가 중요하다는 인식에서 출발한다. 특히 최근 들어 인석자원관리의 중요성의 인식이 날로 증대됨에 따라 인적자원의 활용과 더불어 향후 적용사례가 높아질 것으로 생각된다.

(4) 과업적 접근방법(Task approach)

업무 중심적 개혁방법으로서 업무의 종류, 성질이 대상이다. 구체적으로 직무충실 및 다양화, 조직영역의 조정, 재화 및 서비스의 다양화 및 변경폐지 등의 변화를 통하여 조직 전체의 혁신을 추구하는 접근 방법이다.

3. 조직혁신에 대한 저항과 극복방안

(1) 저항원인

① 기득권의 침해에 대한 저항(조직 내부 또는 국민 포함)
② 개혁안 내용의 불명확성
③ 관료들의 개혁추진능력 및 참여의식 부족
④ 쇄신에 대한 심리적 불안
⑤ 관료제의 폐쇄성·경직성·보수성
⑥ 정부에 대한 국민의 무관심(정치적 무관심)
⑦ 혁신에 대한 피개혁자의 이해부족과 정부의 홍보부족
⑧ 개혁주체자(특히 상위계층)의 비공식적 특성과 기능에 대한 무시
⑨ 조직 내 이해갈등의 상충(계선과 막료의 갈등, 개혁자와 피개혁자 간의 갈등)
⑩ 매몰비용(Sunk Cost)의 작용과 이에 대한 관료의 제고 소홀

(2) 저항의 극복전략

① 사회규범적 전략: 가장 합리적이고 바람직한 전략으로서 ㉠ 개혁내용 설명 및 교육훈련으로 가치관 및 태도의 변화 ㉡ 개혁의 공공성과 당위성 강조 ㉢ 개혁의 사명감의 고취와 개혁에 대한 심리적 불안의 해소방안 강구 및 적용 ㉣ 상징정책 사용 ㉤ 의사전달의 활성화로 개혁에의 동참 유도
② 공리기술적 전략: 공리적 전략은 유인체계로서 개혁으로 인한 ㉠ 기득권의 손실의 최소화 ㉡ 개혁으로 인한 손실 보상 등 물질적 유인체계적 전략이다. 기술적 전략은 개혁의 정당성을 인정시키고 점진적 개혁추진으로 개혁의 내용을 인지시키고 개혁안에 적응하도록 하는 개혁시기의 고려와 적절성, 개혁내용의 구체성, 개혁방법 및 과정상의

투명성 제고와 인사이동, 상징정책 등을 활용한다.

③ 강제적 전략: 개혁주체자들의 ⊙ 권한을 통한 물리적인 제재나 압력수
단 동원 ⓛ 긴장된 개혁분위기 조성 ⓒ 강제 인사이동과 징계 같은 방
법과 권력구조의 개편 등 규범적, 공리적 전략방식이 아닌 최종 마지막
수단으로서 강제적으로 개혁에 동참하고 순응하도록 하는 방식이다.

03 조직 발전(OD)

1. 의의

(1) 개념

① 조직 발전(Organization Development)이란 조직 구성원의 행태 변화,
즉 가치관, 이념, 태도 등을 계획적·의도적으로 변화시켜 환경변화
에 능동적으로 대응하고 조직의 생산성 제고와 궁극적으로는 조직 전
체의 혁신을 꾀하려는 조직관리기법을 말한다.

② 조직 발전은 조직의 인간적 측면에 착안하여 인간의 잠재능력을 최대
한으로 개발함으로써 조직전체의 발전을 도모하려는 접근방법이며 응
용행태과학에 의존하고 있다.

③ 계획관리제도, 목표관리, 총체적 품질관리는 모두 제도나 절차 및 결
과 중심적 관리에 치중한 반면 조직 발전기법은 조직의 주체인 구성
원의 행태변화를 추구했다는 점에서 인간행태적 접근방법이다.

④ 조직 발전을 성공시키기 위한 기법으로 감수성 훈련과 관리망 훈련
등이 있다.

(2) 대두배경

① 조직 발전이론은 환경변화에 따른 다양한 도전과 요구에 대응하여 조직 자체의 생존력을 유지하면서 조직의 문제해결능력을 제고하기 위해서는 기구의 개편만으로는 한계가 있음을 인식하고 조직 구성원의 행태개선이 중요하다는 인식에서 출발하였다.

② 이러한 조직 발전은 1960년대 미국의 사기업체에서 그들이 당면한 문제에 보다 효과적으로 대처해 나가기 위해 체계적으로 적용한 여러 가지 절차로서 오늘날 그 효용성이 인정되어 많은 기업, 공공기관, 교회, 병원 등의 조직에서 이용되고 있다.

(3) 내용 및 특징

① 의식적 · 인위적 · 계획적 · 의도적 변화를 추구하므로 관리자의 솔선수범이 요구된다.

② 임무 중심적 변화추구보다는 대인관계능력에 역점을 두며 규범적인 재교육전략을 채택한 것이다.

③ 내부관리자의 노력의 한계극복이나 효과성의 측면에서 외부 OD전문가를 필요로 한다.

④ 조직 발전은 공동체 의식에서 출발한 조직의 변동을 추구한다.

⑤ 행태과학의 지식이나 기법을 활용하게 되며, 개인의 발전목표와 조직의 목표와의 조화와 통합을 추구한다.

⑥ 자아실현인관에 입각하여 조직 구성원의 자율성과 참여가 매우 중요한 관건이 된다(Y론적 관점).

⑦ 단기적인 관리가 아닌 장기적인 관리가 필요한 조직전략이다.

⑧ 조직 발전의 과정은 계획적인 변화를 인도하고자 하는 대상조직의 특성이나 상황에 따라 다른 것이므로 일정한 공식적 절차를 제시하기 어렵다는 한계가 있다.

⑨ OD의 평가기준은 조직의 생존성 · 적응성 · 성장 · 통합 및 목표달성

등이며 이에 따라 조직 발전의 성공 여부를 판단한다.

(4) 조직 발전의 과정: 자료수집 및 분석 – 조직진단 – 실행개입
(변화주체자) – 실행 – 결과

① 자료수집(data gathering) 및 분석: 조직체제와 그 조직체제의 구성요소 및 하위체제 간의 관계와 관계에 내포된 실제적·잠재적인 문제점들을 수집·분석하여 확인한다(자료수집 방법: 면접법·질문지법·관찰법 및 직관 등).

② 조직진단(organizational diagnosis): 조직혁신의 목표달성을 하기 위한 대안적 전략을 설정하고 그 실행계획안을 작성하는 단계이다. 조직의 진단은 조직의 내부인과 외부인이 담당할 수도 있다.

③ 실행개입(action intervention): 앞에서 실시한 제반의 준비 과정을 토대로 하여 실제 당면한 문제를 해결하는 과정이다. 실행개입단계는 변화역군이 개입하는 가장 중요한 단계인데, 대체로 문제해결을 위한 행동들은 문제의 성격과 상황을 고려해서 기술적 행동, 행정적 행동, 사회적 행동을 적절하게 취사 선택 또는 복합적으로 행하는 것이 바람직하다.

2. 조직 발전의 여러 기법

(1) 감수성 훈련

① 개념
ㄱ 감수성훈련은 격리된 장소에서의 훈련이므로 실험실 훈련 또는 T – Group 훈련이라고도 하며, 개인의 역할과 조직목표를 잘 인식시키는 관리훈련이다(연수원 입과).
ㄴ 훈련프로그램 과정에서 참가자들이 조직 내에서 평소 태도와 행동

을 되돌아보게 함으로써 조직목표 지향적 행동의 변화를 유도하는 훈련이다.

② 목 적
　㉠ 자신의 행동과 관련하여 타인에게 미치는 영향을 뒤돌아보아 통찰력 등을 증진시켜 준다.
　㉡ 집단 및 집단 간의 과정에서 발생한 문제들에 대한 이해를 증진시켜 조직의 입장에서 생각게 한다.
　㉢ 타인의 행동에 대한 이해의 폭을 넓혀 조직의 결속력 증진에 기여한다.
　㉣ 상황에 대한 진단기술 향상과 실천능력을 제고시킨다.

③ 내용 및 특징
　㉠ 10~15명 정도의 규모로 이질적 특성의 구성원이 모여 피훈련 집단으로 구성된다(분임구성).
　㉡ 행태과학의 지식을 이용하는데, 개인·타인·집단에 대한 의식을 새롭게 함으로써 구성원의 행태를 변화시킨다.
　㉢ 훈련에 참가한 요원들은 공식적 훈련내용이나 목적, 상대방에 대한 제반정보들을 모르고 진행된다.
　㉣ 모든 조직의 틀에서 벗어나 자유로운 분위기 속에서 서로 감정을 표현하고 토론하는 방식으로 문제해결(훈련주제 등)을 추구한다.
　㉤ 인간을 개인적 존재로 인식한 훈련으로서 피훈련자의 감수성을 유발시켜 상대방을 이해하는 인성변화와 더불어 조직에 대한 인식을 새롭게 하는 훈련이다.

④ 문제점
　㉠ 많은 수를 동시에 훈련시키기에 한계가 있다(수용인원 및 훈련능력상의 한계).
　㉡ 자율적·자발적 문제해결방식을 취하므로 참여의식이 높지 않는 요

원을 통제하기 어렵다.

ⓒ 단기간의 훈련기간으로 구성원의 행태변화를 추구하는 비현실적인 측면이 있다(훈련종료후의 원래 속성대로 복귀되는 경우가 흔함).

⑵ 관리망 훈련(managerial grid training)

① 감수성 훈련을 확대·발전시킨 종합적 접근법으로서 1959년 R. R. Blake 와 J. S. Mouton이 개발한 기법이다.

② 개인, 집단, 집단 간의 관계와 조직전체의 효율화를 도모하기 위한 것으로서 인간과 과업에 대한 관심을 기준으로 작성된 관리망(managerial grid)을 기초로 하여 개인 → 집단 → 부문 → 전체 조직의 개선이 연쇄적으로 발생할 수 있도록 고안된 계획적·체계적 접근 방법이다.

③ 관리망 훈련의 진행 과정은 ㉠ 실험실 세미나 훈련(laboratory seminar training) ㉡ 팀 개발(team development) ㉢ 집단 간의 관계 개선 및 발전(inter-group development) ㉣ 조직목표의 설정(organizational goal setting) ㉤ 목표달성(goal attainment) ㉥ 안정화(stabilization)의 단계로 전개되며, 이러한 순차적 훈련을 통해 9·9형의 가치관을 갖도록 하여 조직목표를 설정하고, 그것을 달성하면 동시에 안정화시킬 수 있는 능력을 키우게 된다.

④ 관리망 훈련의 6단계는 그것을 수행하는 데 3년 내지 5년이 소요되나 경우에 따라서 그 기간은 단축될 수 있으나, 참여사 스스로가 훈련에 대하여 적극적이고 호의적 태도를 취하여야 그 효과를 발휘할 수 있다.

⑶ 팀 발전 기법

① 팀 발전 기법은 작업집단 발전이라고도 하며, 개인이 작업집단에 대한 무관심을 배제시키는 등 작업집단을 발전시켜 조직의 효율성을 높이는 기법이다.

② 팀 분위기에 적절한 리더십과 팀의 구성, 갈등의 효과적인 관리 및

원활한 의사소통을 통하여 팀(작업집단)의 발전을 도모한다.

(4) 과정상담 기법

① 조직 내의 문제 등을 조직 구성원이 인지한 상태에서 외부 전문상담
  자의 도움이 필요하다고 인정하여 제3자인 과정상담자를 요청하여 이
  들이 도와주는 활동이자 기법이다.
② 과정상담자의 전문성을 바탕으로 조직의 당면문제들을 진단하고 해결
  해 주는 것으로서, 경영 및 조직 진단 등이 자체보다는 전문성·과학
  성·객관성을 확보할 수 있다는 장점이 있다.

(5) 태도조사환류기법

① 태도조사환류기법은 설문지를 이용하여 조직전체에 걸쳐 조직 구성원
  의 태도를 체계적으로 조사하고 그 결과를 계층 내 모든 개인과 집단
  이 직접 분석하고 환류시켜 개선방안을 도출해 내는 기법이다.
② 설문결과의 환류는 상위층의 관리자들뿐만 아니라 모든 집단의 구성
  원들에게 환류시킨다.

(6) 스트레스 관리

직업생활에서 오는 스트레스의 효율적인 관리를 통하여 업무환경의 새로
운 위협요소를 방지하려는 노력을 말한다.

(7) 행동수정

조직 내의 개인적·사회적 문제를 해결하고 인간기능의 개선을 목적으로
실험심리학의 학습이론 중 조작적 조건화 이론을 실제로 조직관리에 적용
하여 조직원들의 행동을 수정시키려는 기법이다. 조작적 조건화 이론이란
외적 자극에 의해 학습된 경험(체화지식)이 행동으로 유발되는 과정을 설명

하는 이론이다.

(8) 성취동기 향상 기법

성취욕구에 관한 이론에 바탕을 두고 있는데, 구성원들의 성취동기를 향상시킴으로써 조직 발전을 꾀하는 기법이다.

(9) 투영기법

조직 내의 단위 집단 또는 부서가 연관된 다른 부서(조직 내의 타 부서와 고객, 납품업자 등의 넓은 영역을 대상)로부터 자기 집단에 관련된 정보를 얻게 하는 기법이다.

(10) 직면회합

직면회합은 문제 중심적 회의방식으로서 조직 관리자들 전원이 업무 후에 한자리에 모여 문제를 서로 확인·분석하고 해결방안과 실천일정 등을 논의하는 방식의 기법이다.

c heck
p oint

관리망: 조직 발전 관리유형도

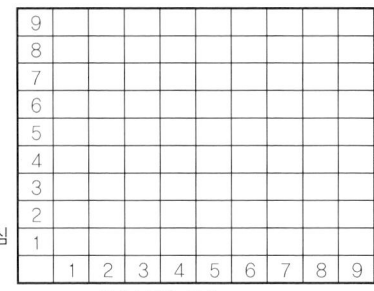

- 인간 - 생산 중심적 관계
  (1) 1-1 관리: 업무를 수행하거나 조직 구성원의 사기를 유지하는 데 관리노력을 기울이지 않는다(빈 약형 또는 무관심형).
  (2) 9-1 관리: 인간에 대한 배려나 깊은 관심으로 인하여 분위기를 유지하고 업무를 능률적으로 수행 한다(친목형 또는 인간 중심형).
  (3) 1-9 관리: 인간에 대한 고려는 거의 하지 않고 생산(과업)만을 강조한다(임무 중심형 또는 과업형).
  (4) 5-5 관리: 업무수행의 조건과 사기유지가 적절히 조정된다(절충형 또는 중간형).
  (5) 9-9 관리: 업무 과정이 신뢰를 바탕으로 상호존경 및 조직의 공동목표에 대한 참여가 이루어진다 (단합형 또는 이상형).

3. 조직 발전기법 적용상의 고려 사항: 적합성의 기준

(1) 관련자의 참여 보장

(2) 문제해결 중심적 태도 견지

(3) 개선목표 달성에 효과적으로 기여할 것

(4) 이론 및 경험에 의한 학습을 포괄적으로 관리할 것

(5) 자율적 학습기회 보장

(6) 문제해결방법과 학습하는 방법도 지향할 것

(7) 온전한 인격체로서의 참여 보장

4. 조직 발전전략의 문제점

(1) 훈련 및 학습의 결과의 실제 조직 과정에의 연계성 문제이다.

(2) OD전문가의 확보의 어려움과, 장기간 많은 시간과 예산이 소요된다.

(3) 조직 발전의 이해부족으로 모든 계층의 능동적 참여가 관건인데, 현 실적으로 구성원들의 자발적이고 의욕적인 참여를 기대하기 어렵다.

(4) 행태의 변화는 단기간에 이루어지는 것이 아니며, 법적 제약이 따르기 도 하고 또한 장기적으로 프로그램 지속이 어려워지는 경우가 많다.

⑸ 공공조직의 조직행태상 적용이 어려우며, 특히 기관장의 잦은 교체는 지속을 더욱 어렵게 한다.

⑹ 협동만을 강조함으로써 경쟁을 통한 조직의 생산성과 발전에 기여한다는 개념상에서 이율배반적인 측면과 권력관계를 경시하고 있다.

⑺ 조직의 효과성과 구성원들의 욕구충족을 동시에 제고할 수 있는 합리적인 기법이라는 잘못된 가정에서 출발한다. 그러나 이러한 규범성은 급속한 환경변화에 대한 변화방법과 전략적 효과성이 의문시된다.

⑻ OD전문가는 조직변화의 세력을 억제하는 데 중점을 두고 있어 변화추진 방법과 태도에 있어서 방어적이거나 수동적이 된다.

04 CI 및 기타 전략

1. CI 전략

(1) 의의

① CI란 급변하는 환경변화에 적응하려는 마케팅 전략의 일환으로 조직의 경영성을 강조히고 있다.

② 조직의 목표, 철학, 특성, 미래의 추구모습과 관리전략을 적절히 조정·통합함으로써 조직의 경영이념을 명확히 하여 조직의 활성화와 조직 구성원의 단결력을 강화한다.

③ 조직 외적 이미지 구축도 중요시하기도 하며, 조직 발전의 기법과 같이 구성원의 의식과 태도의 변혁을 추구하는 경영체제를 말한다.

(2) 특성

① 행동양식의 동일화: 조직목표와 관련하여 추구해야 할 방향에 구성원의 행동을 통일시키는 행동양식을 마련하는 것이다.
② 이념의 동일화: 환경에 잘 적응할 수 있는 조직목표와 경영전략을 구축하는 것이다.
③ 시각적 이미지의 동일화: 환경의 주체인 고객(국민)에게 조직의 명확한 이미지를 전달하여 신뢰를 구축하는 것이다.

2. SOS 운동과 3 · 3 · 7 운동

(1) 개념

행정업무 처리 과정에서 시간과 비용을 절감하려는 행정사무 개혁의 일종을 말한다.

(2) 내용

SOS 운동	내용	3 · 3 · 7 운동	내용
Simple	보고절차의 단순화 구두 및 행정업무의 메모 보고 활성화 비용 인식 강조	3: 사고방식	• 불필요한 회의 축소 • 회의의 간소화 • 유사 회의 통폐합 및 권한 이양
On – time	문서작성의 신속화 당일 결재 결재 기일 반으로 단축	3: 원칙	• 회의 없는 날 운영 • 회의 30분 이내 종료 • 회의 자료의 간소화
Slim	간소화 문서 매수 줄이기	7 지침	• 정시 시작과 종료 시간 사전 공포 • 회의 비용 명시 • 참석대상 최소화 • 명확한 회의 목적 제시 • 자료의 사전배포 및 사전 의제검토 • 전원 발원 및 상호 의견 존중 • 결정 및 지시사항만 기록, 보관

(자료: 안용식 외)

3. SM(Strategic Management)

(1) 개념

전략적 관리란 개방체제적 관점에서 환경변화를 강조하는 조직의 관리전략으로서 전략기술을 개발하고 집행하는 탈관료적 관리기법을 말한다.

(2) 특징

① 조직환경에 적합한 조직상태를 장기적 관점에서 형성하는 미래 지향적·변혁적 관리모델이다.
② 조직의 장단점의 발견 및 환경의 위협과 기회요소를 분석, 확인하여 조직에 적합한 최적 전략을 수립한다.
③ TOW의 전략적 요소와 연계된다. TOW 전략은 SWOT를 분석하고 이를 기초로 최적의 전략을 수립하며, SM의 전략방법하에 조직구조, 과정, 조직 단위 간의 연계성, 구성원의 기능과 리더십이 강화되도록 조직의 대내외적 환경요소를 분석한다.
④ 기업의 평가에 적용되는 BSC(균형성과관리)와 연계되어 목표달성 평가의 합리성을 추구한다.

(3) 핵심 구성요소

조직 활동의 비전과 적용기술, 환경분석, 전략개발과 전술적 차원의 구체적 행동계획의 작성, 자원배분, 최적대안의 탐색 및 선정, 평가 및 환류

(4) 효용 및 제한사항

환경변화를 인식하고 적응하려는 현실적인 전략으로서 장기적인 안목으로 조직의 안정성과 조직 발전에 유용하지만 기업과 달리 목표와 성과측정이 불명확한 공공조직에서의 적용은 많은 한계가 있다.

05 조직의 동태화

1. 의의

(1) 동태화(動態化)란 다양하고 급변하는 환경변화에 조직이 신축성·기동성·대응성 있게 적응하는 조직의 변화추구이다.

(2) 행정조직에서는 현대행정국가화가 심화되면서 국민의 요구수준의 질적 변화와 급변하는 행정변화에 신속하게 대응하고자 하는 방식으로 본다.

(3) 급변하고 다양한 행정수요에 대해 기존의 관료제의 운영방식과 조직형태 및 분위기로서는 대응할 수 없는 관료제의 한계극복을 위해 요청된다.

2. 행정조직의 동태화(Adhocracy)

(1) 개념

① Adhocracy란 관료제의 경직성, 대응성 부족, 변화에의 무감각 등의 현상을 탈피하여 환경변화에 적응하고 신속하게 대응하는 체제로서의 임시적, 동태적, 유기적 조직을 총칭하는 개념이다(A. Toffler가 '미래의 충격'에서 최초 사용).

② 후기관료제 또는 탈관료제라고도 한다.

(2) 동태화 유형

Project Team, Task Force, Matrix 조직, Network 조직, 학습 조직, 팀조직, 위원회, 담당관제, Link－Pin, 대학형태의 구조, 계제 및 과제의 폐지, 하이

퍼텍스트조직 아메바조직 등이 있다.

(3) 특성

① 조직구조의 탈계층적·횡적 분화　　② 소규모 조직과 분권화

③ 낮은 수준의 공식성　　　　　　　④ 고도의 유기적·연성 구조

⑤ 고도의 전문성을 바탕으로 한 직무수행

⑥ 상황적응적 임시조직

⑦ 기능중심이 아닌 업무 및 문제해결중심 구조

❏ 전통 관료제와 후기 관료제의 비교

구 분	전통 관료제	후기 관료제
용어	Bureaucracy	Adhocracy
조직규모	대규모	소규모(슬림화)
조직의 분위기	경직성	연성
조직구조	계층성(수직적 분화)	탈계층성(횡적 분화)
권한배분양태	집권화(X론적)	분권화(참여, Y론적)
권한과 책임성	명확	불명확
조직의 수명	영구성	임시성
적용기술수준	저난도 기술	고난도 기술(컴퓨터 등)
업무형태	일상반복업무 위주	전문적, 비일상적 업무
복잡성·공식성·집권성	높음	낮음
환경대응성	낮음	높음
조직환경	안정적, 정태적	불확실, 동태적
조직인	합리적 경제인, 타율적 존재, 권한과 책임의 명확	복잡인, 자율적 존재, 책임과 권한의 불명확

❏ 후기 관료제 모형의 주요 이론모형

(1) Golembiewski의 견인이론(Pull Theory)

① 개념: 압력이론(push theory)과는 대별되는 개념으로 구성원과 조직통
　　제방식에 있어 자율성과 일의 흐름을 중시한다.

② 기본원리: 분화보다는 통합을, 억압보다는 행동의 자유를, 안정보다는 새로운 것의 도전을, 고정적 기능보다는 일의 흐름을 중시

(2) W. G. Bennis의 적응적, 유기적 구조

현재의 조직구조는 고정된 것이 아닌 잠정적 배열이므로 해결해야 할 문제에 따라 달라지며, 전문분야 집단의 사람들이 일을 해결하기 위해 사업 간의 조정을 하며 구심점이 존재한다.

(3) L. Kirkhary의 연합적 이념형

기초적 업무단위는 사업담당반으로 조직 내의 권한 구조는 다원적이고 다양하다. 따라서 조직 내의 관계는 고도의 독자성과 상호 의존성으로 유지된다.

(4) F. Thayer의 비계서적 구조

의사결정권의 위양, 고객 참여, 조직개방을 위해 기존의 계층구조를 없애고 집단적 의지의 제도적 장치를 설치해야 한다고 주장한다.

3. Project Team과 Task Force

(1) Project Team

① 개념: 특정한 목표를 달성하기 위해 조직 내에 일시적으로 인적·물적 자원을 결합한 조직형태를 말한다. 주로 기업 내에서 시장의 점유력을 높이거나 생존을 위한 조직운영 전략으로 볼 수 있다.
② 특성: 임시성, 잠정성의 조직, 팀장과 팀원의 구성으로 간소화, 특정 목표달성 수행 후 해체, 고도의 횡적 구조, 신규 또는 혁신을 위한 조직형태, 팀장의 추진력과 리더십 강조(정부조직의 예, 신도시건설기획

단, 지방자치기획단 등)

(2) Task Force

① 개념: 군에 적용된 용어로서 기동군을 말한다. 특정한 작전 수행 또는 목적달성을 위해 임시로 편성한 형태의 대규모 조직에서 분리 재편성된 임시 또는 잠정적 조직이다.

② 특성: 임시성과 잠정적으로 편성되나 프로젝트 팀보다는 장기간 편성되며 구조도 PT보다는 계층적 구조, 목적 달성 후 해체되고 구성원은 원래 조직으로의 복귀 등(예 국토해양부의 대운하건설 테스크포스)

4. 매트릭스 조직

(1) 개념 및 의의

① 조직환경이 복잡해지면서, 기능부서의 기술적 전문성이 요구되는 동시에 사업부서의 신속한 대응성의 필요가 증대되면서 등장한 조직 형태이다

② 과거의 기능 중심적 구조와 현대의 업무 중심 구조(프로젝트팀)의 이중적 구조를 말하며, 하나의 조직 내에서의 수식적 및 수평직 권힌의 결합을 특징으로 한다.

③ 명령지휘계통의 이원화 구조: 매트릭스 조직 내의 상관과 파견 전 원래 소속 조직의 상관의 통제를 동시에 받는다(대사관 조직).

④ 미국 항공우주국에서 시작되어 기업, 은행, 병원, 대학, 정부기관에 도입되었고, 특히 기업에서는 본사와 지사의 개념이 정착되었다.

(2) 등장배경

① 환경변화에 대응하기 위해 기능별 조직구조와 프로젝트 조직구조의

결함을 보완하기 위해서 등장하였는데, 종적으로는 기능별 조직 구성원으로, 횡적으로는 프로젝트 조직의 일원이 되게 함으로써 조직에 중복적으로 소속하게 한다.

② 기능구조는 전문가의 집합으로 전문성을 살릴 수 있으나 조정이 어렵고, 사업구조는 전문가의 조정은 용이하나 비용이 중복된다는 문제가 있어 양자의 장점을 채택한 조직구조이다.

③ 전문인력의 증가, 구성원의 능력발전, 행정조직의 대규모화 등으로 등장하였다.

(3) 적용상의 유용성 조건(남진우)

① 생산라인 간에 부족한 자원을 공유해야 할 압력이 존재하는 경우이다. 보통 중간 규모의 조직에서 많지 않은 수의 생산라인을 갖고 있는 경우, 생산라인 간의 인력과 자원의 공유와 신축적 운영을 필요로 한다.

② 두 개 이상의 핵심적 산출물에 대해 기술적 품질성과 수시적 제품 개발의 압력이 있을 경우이다. 이중의 압력은 기능부서의 장점과 사업부서의 장점이 필요하고, 두 권한 체계 간의 권력균형이 요구된다.

③ 조직의 환경영역이 복잡하고 불확실한 경우이다. 빈번한 외부변화와 부서 간 상호 의존성의 증가는 조직의 수평적 및 수직적인 방향으로 정보처리와 조정의 필요가 커진다.

(4) 장점

① 신축성과 적응성이 요구되는 불안정하고 급변하는 조직환경에 효과적인 구조이다.

② 잦은 대면과 회의를 통해 예상치 못한 문제를 파악하고, 새로운 해결책을 찾는 데 기여할 수 있는 조직구조이다.

③ 구성원들을 부서 간에 공유함으로써 조직은 자원의 효율성을 제고할 수 있다.

④ 개인들은 다양한 경험을 통해 전문기술을 개발과 더불어 더 넓은 시야와 목표관을 갖게 할 수 있는 기회를 가진다.

⑤ 조직 구성원의 자아실현 및 심리적 만족감 등 직무 동기부여에 기능적으로 작용한다.

⑥ 한시적 또는 특수사업의 추진에 용이하고 효과적이며, 새로운 아이디어를 개발과 인적자원을 신축적으로 활용할 수 있다.

(5) 단점

① 이중권한 체계가 개인에 미치는 혼란, 갈등, 긴장, 좌절의 가능성이 높다.

② 기능부서와 사업부서 간의 갈등의 가능성이 높다.

③ 갈등해결에 요구되는 시간과 노력의 낭비가 불가피하다.

④ 조직의 원리인 명령통일의 원리에 위배된다.

⑤ 기능적·사업적 권한 체계의 적절한 균형을 찾는 것이 중요한 문제로 대두된다.

⑥ 매트릭스구조의 상관은 부하에 대해 완전한 통제력을 갖지 못하며, 구성원의 소속 상관들과의 대면, 협력, 갈등을 조정할 수 있는 관리능력이 요구된다.

5. 네트워크 조직

(1) 개념 및 내용

① 급변하는 환경에 대응하여 수직적 통합과 수평적·공간적으로 조직 경계를 초월하여 조직의 통합기능을 갖춘 동태화 조직이다. 공동화조직(hollowing organization)으로 조정, 기획 등의 기능을 제3자에게 위임 또는 위탁하여 업무를 축소한 조직형태이다. 즉 공동화 조직 내지

는 네트워크 조직이란 통제, 조정, 기획 등 핵심적이고 전략적 기능은 직접 수행하고 유통, 생산, 보관, 운반 등 부수적인 기능은 제3자에게 위임 또는 위탁하여 공동작업형태로 이루어지는 조직을 말한다.

② 조직의 기능을 핵심역량 위주로 합리화하고 여타 기능(보조기능)은 외부조직과 계약관계를 통해 그들로 하여금 수행하는 조직이다.

③ 네트워크 조직구조는 생산과 서비스, 제품포장, 유통 등의 기능을 분산하여 타 조직에 맡기는 형태를 취한다(각종 신용카드 배달 및 택배회사 등과 백화점의 영업기능은 백화점에서 나머지 주차 및 시설기능은 용역회사가 맡는다).

④ 계층적 통합과 공간적 통합을 추구하며, 조직전체의 구조가 비계서적이며 중심-주변형 또는 군집형이다.

⑤ 조직과 환경의 교호작용은 다원적, 분산적이다.

(2) 등장배경

① 환경변화: 세계경제의 국제화, 시장에서 경쟁기업들의 빠른 진입과 퇴장, 신상품 교체기간의 조기성, 신기술의 급속한 변화, 네트워크 사회현상, 고객의 수준 높은 서비스 요구 등으로 동태화적인 새로운 조직의 필요성이 등장하였다.

② 정보통신기술의 발달: 유기적 조직유형의 하나로 정보통신기술의 확산으로 나타났다. 인터넷 등 정보통신기술의 발달은 네트워크 사회의 심화를 가져왔다. 행정 분야에서는 조직 간, 정부와 국민 간 네트워크 형성으로 민주적 행정 구현이 요구된다.

③ 업무적 특성: 오늘날 업무는 전문화보다는 조직의 경계를 초월한 상호작용을 바탕으로 한 네트워크 조직을 필요로 한다.

(3) 장점

① 조직구조의 간소화와 수평성: 네트워크 조직구조는 전 지구적으로 최고

의 품질과 최저 비용의 자원들을 활용할 수 있으면서도 조직구조의 간소화와 경직구조를 탈피할 수 있다(거래비용의 최소화 및 조직관리의 효율성).

② 자원활용의 효율성: 조직이 필요로 하는 자원을 보유하지 않고도 필요시 언제든지 동원할 수 있다.

(4) 단점

① 조직의 응집력 부족: 네트워크 구조하의 조직은 계약관계로 이루어지고 구속력이 없으므로 조직의 정체성이 약해 응집력 있는 조직 문화를 갖기 어렵다.

② 계약관계의 외부조직 통제 곤란으로 대리손실 발생이 예상된다.

③ 조정 및 감시비용의 증가발생과 제품의 안정공급과 품질관리가 미흡하다.

④ 사전적 통제보다는 사후적 통제가 이루어지기 쉽고, 책임을 묻기에 한계가 있다.

⑤ 계약기관을 쉽게 바꿀 수 있어 생산활동의 지속성·안정성을 저해한다.

6. 학습조직

(1) 개념

① 학습조직이란 지식을 창출·공유·활용하여 조직의 발전과 문제해결능력을 향상시키기 위해 지속적으로 학습이 이루어지는 조직을 말한다.

② 모든 구성원들이 조직의 문제에 참여하면서 지속적으로 문제해결적 실험을 반복하여 시행착오를 거듭하면서 조직의 문제해결능력의 향상을 도모한다.

③ 지식정보화 사회의 대두와 더불어 조직의 동태화의 방안으로 성립되

었다.

④ 지식관리는 학습조직화를 목적으로 하며, 학습조직화는 참여정부의 개혁수단이기도 하다.

(2) Senge의 학습조직의 5가지 기반

① 개인적 숙련(Personal Mastery): 전문적 소양을 통한 자기완성을 추구
② 시스템적 사고와 세계관: 구성원의 일체감과 사명을 공유한다. 즉 전체를 볼 줄 아는 총체적 사고로 부분들 사이의 인과관계, 역동적인 관계를 이해하면 능력이 획기적으로 향상된다.
③ 비전 공유: 유동적 과정과 지식의 공유로 조직이 추구하는 목표와 방향, 가치와 사명에 대하여 모든 조직 구성원 간의 공감대 형성이 필요하다. 이를 위해 조직 구성원의 의견을 수렴하고 조율할 수 있는 참여적 문화형성이 중요하다.
④ 팀 학습: 조직관리 기준은 정책결정 과정에서 환류장치를 활성화하기 위한 의사소통을 강조한다. 공동체의 역량 확대를 위한 지식, 관점, 의견의 상호 교환이 필요하다.
⑤ 정신적 모델(Mental Model): 사물에 대한 종합적 인식이 강조된다. 선입견 배제, 준거틀 및 마인드 세트의 성찰, 사고의 전환이 필요하다.

(3) 학습조직의 내용 및 특성

① 조직구조의 재설계: 수평적 조직구조로의 개편으로 환경에 대한 신축성 제고를 위해 네트워크 조직과 가상조직을 취하며 자기 진화적 조직화를 지향한다.
② 시행착오의 인정과 시행착오로부터 새로운 노하우를 배우고 공유할 수 있는 조직문화를 강조한다.
③ 지식의 창출·공유·활용을 골자로 한 지식관리시스템의 구축과 관리를 필요로 한다.

④ 학습조직은 원자론적 사고가 아닌 공동체, 즉 시스템적 사고가 지배하는 특성을 띠므로 리더의 능력과 노력이 중요하며 공통적인 비전을 창조하는 학습형 리더십이 강조된다.

⑤ 정책결정 과정에서 환류장치를 활성화하기 위한 의사소통을 강조한다.

⑥ 전문적 소양을 통한 자기완성과 일체감과 사명의 공유, 시스템적 사고와 유동적 과정을 학습조직의 기반으로 한다.

7. 팀 제

(1) 개념 및 대두배경

① 개념: 조직의 동태화 유형의 하나로 상호 보완적인 기능을 가진 소수의 구성원들이 조직의 목표 달성을 위해 상호 책임을 공유하고 수용하는 수평적 조직형태이다.

② 대두배경

　　㉠ 팀제는 신속한 환경 대응(시장변화에의 적응성 증진)에 대한 필요성에서 기업을 중심으로 신상품 개발에 주력하기 위한 새로운 조직형태이다.

　　㉡ 공공조직의 측면에서는 역동적 행정환경 변화에 따른 대응성 부족, 병리현상, 경직성 등 기존의 관료제의 한계를 보완하기 위해 정부조직에 도입되었다.

(2) 특징

① 조직적 차원

　　㉠ 핵심임무 중심의 조직구조: 기술개발팀, 업무혁신팀, 민원처리팀 등 행정환경 변화와 요구에 신속하게 대처할 수 있는 조직형태(팀원 – 팀장 – 부서장)

ⓛ 조직의 공동목표와 사명감 강조: 팀제는 계층성과 부서(과 수준의 부서통합) 간의 경계가 무너지고 개인들은 조직 전체의 관점에서 조직의 공동목표를 달성하기 위해 팀장을 중심으로 책임감과 사명감이 강조된다.

ⓒ 의사소통의 원활화와 문제해결의 방식변화: 계층적, 경직적 조직구조가 수평적으로 변화했으므로 팀원과 팀원, 팀장과 팀원 간의 대화가 원활하여 문제해결 중심의 조직운영방식이 이루어진다.

ⓔ 팀워크 중심의 자발적 참여와 결과 지향적 산출을 강조한다.

② 구성원의 개인적 차원

ⓐ 동기부여 증진: 팀원에게 문제 및 목표에 대한 참여와 자율성을 부여함으로써 동기부여를 높일 수 있다.

ⓑ 학습과 훈련기회의 제공: 과거의 개인별 정해진 업무중심에서 팀 전체의 다양하고 종합적인 업무내용을 공동으로 참여하고 해결해야 하므로 팀원들이 다양한 업무에 대해 학습 및 훈련할 기회가 많아진다.

(3) 장점

① 조직 및 인력의 효율적 운영 가능: 팀제의 조직은 개인별 특수한 상호보완적 기능을 통합하여 문제해결에 활용하고 소규모의 조직과 인력으로 운영함으로써 인력의 신축적, 탄력적 운용에 효과적이다.

② 돌발과제에 대한 의사결정의 신속화로 대응력 증진: 전통적 관료제의 계층적 구조가 부서장 - 팀장 - 팀원으로 축소되기 때문에 의사결정 과정이 신속하게 이루어져 각종 민원처리 등 다양한 행정수요의 변화에 대응력이 높아진다.

③ 협조와 조정 증진: 팀이라는 하나의 조직체 내에서는 목표에 대한 인식을 같이함으로써 구성원의 주인의식과 참여의식의 고취로 할거주의와 같은 과거 관료제의 병리현상이 줄어든다.

④ 업무중심의 편제 지향: 팀제는 조직의 환경대응과 생산성 증가를 목적

으로 하기 때문에 기능 중심적이 아닌 업무 중심적 구조이다.

(4) 우리나라의 팀제 운영의 문제점

① 경직적 조직문화: 경직성의 잔존으로 팀 내 혹은 팀 간 조정이 원활하지 못하는 상황이 발생할 수 있다.

② 직급폐지로 인한 상위층의 사기저하 및 승진기회의 박탈감: 팀제는 직급을 폐지하고 팀장의 명칭을 부여하는 것이므로 직급의 상실로 인한 상위층 관료들의 사기 저하 및 저항이 수반될 수 있으며, 팀원들도 승진기회의 박탈이라는 부정적 인식을 할 수 있다.

③ 목표 및 성과의 비계량성과 평가시스템의 개발이 시급: 공공조직에서는 정책목표와 결과를 계량하기 어렵기 때문에 팀 평가를 위한 목표의 명료화 문제와 평가시스템의 구축이 이루어지기 전에 도입하여 많은 한계가 있다.

④ 관리범위 및 부담증가: 팀 조직은 많은 팀장이 팀 조직원에 대한 신뢰를 가져야 하고 통솔범위의 증가로 관리자의 부담이 과중될 수 있다.

⑤ 무리한 팀제 적용과 팀장의 능력 미흡으로 기존 조직운영방식에 팀제 조직개편만 이루어졌고 구성원과 팀장의 역할 및 기능에 대한 사전 교육훈련이 미비하여 운영상 많은 문제가 발생한다.

⑥ 팀의 결정과 부서상의 의견차이 문제, 팀의 결정 내용과 부서장의 의견이 일치하지 않을 때는 오히려 집행의 신속성이 결여된다.

8. 기타 동태화 유형

(1) 과제 폐지

지나치게 세분화된 과제를 폐지 또는 통합을 시도하여 기능별 조직에서 주로 나타나는 할거주의 극복, 신속한 의사결정, 하급자의 동기부여에 기여한다.

(2) 연결핀(Link Pin)

다양한 부서 간 조정이 용이하도록 연결기능을 강화하는 개념이다(R. Likert).

(3) 대학구조

대학과 연구소, 전문학위를 가진 집단으로서 민주적 운영방식이 강조되는 형태이다.

(4) 위원회

기존의 대규모성의 관료조직은 환경에 대한 대응성과 신속성이 낮으므로 각종 전문위원회를 통해 문제를 전문적이고 신속하게 처리하여 행정의 대응성을 높이기 위한 동태화의 일종이다.

(5) 담당관제

최고 결정자의 합리적 결정을 위해 전문적인 기술을 바탕으로 정보 분석, 제공, 조언 등의 기능을 수행하는 조직으로서 막료기관이다.

(6) 하이퍼텍스트 조직

① 개념

　㉠ 학습자로 하여금 정보를 쉽고 융통성 있게 접근할 수 있도록 하는
　　방법 중의 하나가 하이퍼텍스트(hypertext)의 원리이다.

　㉡ 학습조직에서는 모든 구성원이 지식창출의 주체가 된다. Nonaka와
　　Takeuchi는 학습조직을 효과적으로 운영하기 위한 새로운 관리방식
　　으로 '미들업다운관리(middle－up－down management)'라는 개념을
　　제시하였다. Nonaka와 Takeuchi는 '미들업다운관리'가 효과적으로
　　이루어질 수 있는 가장 적절한 조직으로 '하이퍼텍스트 조직(hypertext
　　organization)'을 제시하였다.

　㉢ 조직적 지식창조 이론의 대가 노나카 이쿠지로(野中郁次) 일본 호
　　쿠리쿠(北陸) 국립대 교수는 "효율적이고 연속적인 지식창조를 가
　　능하게 하기 위해서는 '하이퍼텍스트형' 조직을 구축해야 한다."라
　　고 말한다. 20세기 이후 기업의 조직구조를 둘러싼 논의는 관료제
　　형 조직(Bureaucracy)과 태스크포스(Task Force)형 조직, 예컨대 팀제
　　의 대결로 압축된다. 그런데 노나카 교수는 "둘 중 어느 하나도 지
　　식창조를 위해서는 적당하지 않다."고 말한다. 지식창조를 위한 새
　　로운 조직형태는 그 두 가지를 조합한 통합모델인 하이퍼텍스트형
　　구조라는 이유에서다.

　㉣ 관료제와 태스크포스형 조직구조를 역동적으로 통합한 하이퍼텍스
　　트형 조직은 양자의 강점을 이용할 수 있다. 즉 관료제의 효율성과
　　안정성이 태스크포스형의 유효성, 기동성과 결합되는 것이다.

② 하이퍼텍스트 조직의 등장배경

　㉠ 과거 대부분의 기업들은 '관료제'로 대표되는 '수직적 계층조직'과
　　'프로젝트 팀' 중심의 '수평적 조직'으로 운영되어 왔다. 하지만 급
　　격한 환경 변화와 점점 치열해지는 경쟁상황으로 기업들은 새로운

조직 구조의 필요성을 절감하게 된다. 또한 기존의 '유형 자원 중심의 경영패러다임'에서 '지식'과 같은 '무형 자원 중심의 패러다임'으로의 전환은 기업에게 더욱 큰 혼돈과 혼란을 안겨 주게 된다. 특히 기업들에게는 '기업 경쟁력'의 핵심으로 등장한 '지식'의 효과적인 창조와 저장 및 활용이 생존의 필수 요소로 대두되었다.

ⓛ 지식경영에 필요한 조직은 지식의 창조 측면과 활용·축적 측면을 겸비한 유연한 구조의 조직이다. 이것은 효율적 운영을 목적으로 하는 기존의 조직과 지식변환을 목적으로 하는 새로운 조직운영의 모델 사이를 자유자재로 오가며 양자의 상승효과를 발휘하는 조직 운용의 소프트웨어를 내재한 조직이다. 다시 말하면 '수직적 계층 조직'의 장점인 효율성과 '수평적 조직구조'의 창의성을 모두 보유하여 지식의 창조, 축적, 활용에 적합한 조직구조를 의미한다. 이러한 까다로운 조건을 충족시킬 수 있는 조직구조가 바로 '하이퍼텍스트 조직'이다.

③ 구성: 하이퍼텍스트조직은 프로젝트층, 지식기반층, 비즈니스 시스템층의 3개의 계층으로 구성되며, 이 3단계 과정을 순환한다.

　ⓐ 프로젝트층: 가장 위쪽에는 프로젝트팀이 있는데, 몇 개의 프로젝트 팀이 신제품개발 등의 새로운 지식을 창조하는 일을 하게 된다. 팀 구성원은 다양한 사업단위에서 차출되어 하나의 프로젝트가 끝날 때까지 팀에 전속된다. 원래 소속된 부서에서 완전히 손을 떼고 프로젝트에만 전념하는 시스템이다. 그들이 갖고 있는 지식(암묵지)을 형식지화시켜서 지식기반층으로 옮긴다(지식창조).

　ⓑ 지식기반층(지식베이스층): 제일 밑 부분에는 지식베이스층이 자리잡고 있다. 여기에서는 프로젝트팀에서 창출된 지식이 재분류되고 재구성된다. 지식베이스는 양쪽에서 창출된 전혀 다른 성격의 지식이 축적되고 교환되는 장소로 '저장소 겸 교환소'의 역할을 수행한다. 즉 형식지화된 지식을 축적해 놓았다가 비즈니스 시스템층에서 필

요한 지식을 적절하게 골라내 비즈니스시스템 층으로 넘긴다(축적 및 공유역할, 예: 연구소, 실험실 및 지식관리정보시스템).

ⓒ 비즈니스 시스템층: 이 중 가운데 부분이 사업단위이다. 여기서는 통상적인 업무가 진행된다. 통상적 업무의 효율성을 높이기 위해서는 관료제적 구조가 적당하다. 여기서는 명령과 실행의 관계, 즉 피라미드형 위계질서가 기본이다. 이 층에서는 지식기반층으로부터 받은 지식을 활용하여 부가가치를 창출한다(지식활용).

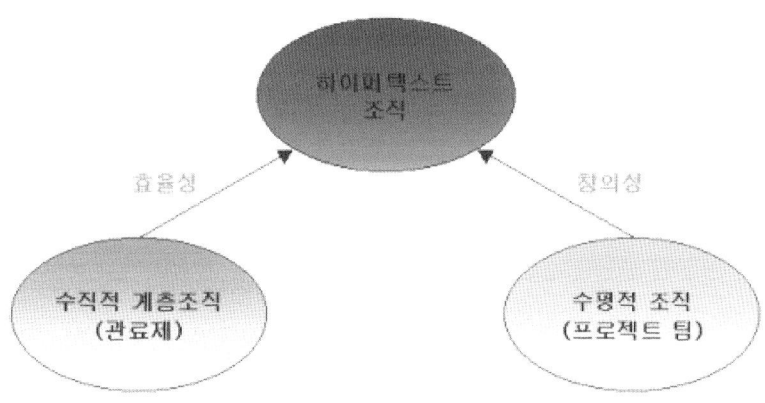

9. 조직의 동태화 추진상의 고려사항

조직의 동태화는 제도의 변화만을 의미하는 것이 아니므로 조직개편 등과 같은 하드웨어적 수단만을 강조하면 안 된다. 또한 임시조직이라는 조직의 남발은 또 다른 조직의 확대이며, 경제성의 측면에서 제고되어야 할 것이다. 가장 중요한 것은 동태화의 유형들의 특징과 행정문화의 괴리가 없는지 적용가능성과 유용성 등을 고려해야 한다.

의사전달과 행정PR

01 의사전달

1. 의사전달의 의의 및 내용

(1) 의의

① 의사전달은 정보의 상호교류 과정으로서 전달자와 피전달자 간의 생각, 의견 등을 교환하는 것을 말한다.

② 의사전달은 개인 간의 비공식적인 의사전달이 있으며, 조직 내에서의 공식적 의사전달과 비공식적 의사전달로 구분된다.

(2) 내용

① 공식적 의사전달: 공문서, 명령, 지시, 각종 보고 등을 말하며, 기타 공식적 통로와 수단에 의해 전달된다.

　㉠ 하향식 의사전달: 명령, 지시, 훈령, 규칙 등

　㉡ 상향식 의사전달: 문서보고, 내부결제, 제안제도, 직원의견조사 등

　㉢ 수평적 의사전달: 계층제에 있어서 동일한 수준에 있는 개인 또는 집단 간에 행해지는 의사소통으로서 회람, 회의 등이다.

　㉣ 대각적 의사전달: 동일한 계층과 상하관계가 없는 타 부서와 구성원 간의 의사전달을 말하며, 특히 계선과 막료 간의 의사전달을 말한다.

② 비공식적 의사전달에는 소문과 풍문 등으로 주로 비공식 조직에 의해
조장되며, 때로는 공식적 권위를 파괴하기도 한다.

2. 의사전달의 기능

(1) 조정수단

조직의 목표달성을 위해서는 정보의 교환이 이루어져야 하고, 문제점에
대해 조정 가능하다. 이를 위해서는 의사전달이 활성화되어야 하는데, 의사
전달은 조직 내의 막힌 흐름을 조정해 주는 기능을 한다.

(2) 합리적 의사결정 수단

원활한 의사전달은 의사결정 과정에서 내용적·절차적 합리성의 추구가 가
능하다.

(3) 구성원의 사기증진

조직 내에서의 원활한 의사전달, 즉 일방이 아닌 쌍방향과 상향식 의사전
달이 보장되면 구성원의 사기가 앙양되어 대내 민주성이 증진된다.

(4) 통솔기능

동물과는 구별되게 인간은 언어, 문자와 같은 수단으로 의사전달이 가능
하므로 조직을 통솔할 수 있다. 즉 리더십을 통한 조직운영이 가능해진다.

3. 의사전달망의 유형

(1) 원형: 구성원들 간에 계급과 서열이 명확하지 않은 조직에서의 의사전달 형태이며, 중심인물이 없는 자유방임형 상태에서 나타난다.

(2) Y형: 의사의 흐름 과정에서 중심인물은 없지만 그런대로 의사의 흐름을 리드하는 리더가 존재하며, 계선과 참모의 구분이 없는 조직에서 흔히 볼 수 있는 유형이다.

(3) 바퀴형: 구성원 사이에 중심인물이 존재하고, 그를 중심으로 유도되며 정보수집과 문제해결이 신속함이 장점이다.

(4) 직선형: 연쇄형 및 쇠사슬형이라고도 하며, 구성원들 간의 의사전달이 연결되어 있지 않은 유형으로서 수직형과 횡형이 있다.

(5) 상호연결형: 전체 경로형이라고도 하며, 구성원 사이에 정보교환이 원활하며, 바람직한 유형에 해당된다.

◻ 의사전달 유형 비교

효용성 \ 유형	원 형	Y형	바퀴형	직선형 수직형	횡 형	상호 연결형
문제해결속도	느림	빠름	빠름	빠름	느림	느림
정확성·단순문제	낮음	높음	높음	낮음	낮음	높음
복잡한 문제	높음	낮음	낮음	낮음	낮음	높음
만족감	높음	낮음	낮음	낮음	낮음	높음

(자료: 유영옥)

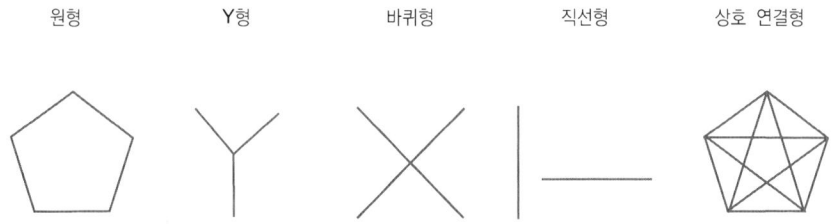

| 원형 | Y형 | 바퀴형 | 직선형 | 상호 연결형 |

4. 의사전달의 원칙

일관성, 명료성, 적시성, 적정성, 분배성, 적응성, 관심과 수용성의 원칙

5. 의사전달의 장애요인

① 구성원의 가치관과 준거기준의 차이
② 지위 및 지리적인 격차
③ 적절치 못한 언어와 문자 사용
④ 지나치게 많은 양의 정보 등
⑤ 전달자의 은폐, 의식적 비밀유지, 불신과 편견
⑥ 인간관계의 부족과 표현능력의 한계
⑦ 조직의 집권성, 경직성, 할거주의, 의사전달 채널의 한계, 필요 이상의
   한 개인에게만 정보가 집중되는 현상 등

02 갈등관리

1. 의의

갈등이란 조직 내의 의사결정 과정 또는 조직 활동에서 발생하는 구성원
간의 의견차이 또는 조직과 인간 사이에서 나타나는 불일치 현상을 말한다.

2. 갈등의 형태

(1) 개인적 갈등: 개인의 심리적 갈등으로서 조직목표와 개인목표와의 불일치 또는 구성원 간의 의견 차이, 조직문화에의 부적응 등으로 나타나는 내면적 또는 심리적 혼란현상을 말한다.

(2) 대인적 갈등: 구성원 간의 부조화 현상으로 나타난다.

(3) 문화적 갈등: 이질적인 문화 사이에서 발생하는 충돌현상을 말한다. 특히 문화지체 발생, 문화수용 강요 시는 저항 등을 초래한다.

(4) 역할 갈등: 상황이 두 가지의 역할을 하도록 만들었을 때 어느 한 가지 기능을 선택해야만 하는 경우에 발생한다.

(5) 의사결정 갈등: 목표달성의 대안 선택기준이 애매하여 합리적 의사결정이 이루어지지 못하는 경우에 발생한다.

3. 갈등의 유형

(1) Miller & Dollard의 개인적 갈등

① 접근-접근 갈등: 개인에게 두 가지 원하는 대안 중에서 반드시 하나만을 선택해야만 하는 경우(예 휴가와 성과금)

② 접근-회피 갈등: 하나는 원하는 대안, 나머지 하나는 원하지 않는 대안이 제시되고, 그중 하나를 선택해야만 하는 경우로서 바라는 대안을 선택할 경우에는 거기에 따른 불이익이 상존하는 문제가 있다(예 승진하는 대신 격오지로의 발령).

③ 회피-회피 갈등: 두 가지 바람직하지 않은 대안이 제시된 상태에서의 하나를 반드시 선택해야만 하는 경우(예 좌천이냐 징계냐의 선택문제)

(2) 복수 의사주체 간의 갈등

조직이나 집단의 복수 주체 간에 나타나는 갈등으로서 조직 간 갈등과 조직 내 갈등이 있다.

(3) Pondy의 조직구조적 갈등

① 협상적 갈등: 부족한 자원의 경쟁에서 발생하는 갈등
② 관료제적 갈등: 계층제적 구조에서 발생하는 상하간의 갈등
③ 체제적 갈등: 상하관계가 아닌 계층제의 횡적 구조계층에서 발생하는 갈등
④ 마찰적 갈등: 갈등으로 인한 결과가 조직구조 변화와는 무관한 갈등
⑤ 전략적 갈등: 갈등으로 인한 결과가 조직구조의 변화를 초래하는 갈등

4. 갈등의 원인

(1) 개인적 갈등의 원인

① 비수락성: 정책결정자가 대안선택 후의 결과를 파악하고 있지만 만족하지 못하여 수락하기 어려울 때의 갈등
② 비비교성: 정책결정자가 대안선택 후의 결과를 알고 있지만 최선의 내안을 결정하기 위한 기준이 없어 비교하지 못할 때의 갈등
③ 불확실성: 대안선택으로 인한 결과에 대한 예측이 불가능할 때의 갈등

(2) 복수 의사 주체 간의 갈등 원인

① 목표와 이해관계의 차이   ② 목표에 대한 인지와 태도의 차이
③ 의사소통의 한계   ④ 공동참여 결정 사안(자원배분)
⑤ 지위와 권한(통솔)의 부조화

5. 갈등 해결 전략

(1) Simon과 March의 전략

① 문제해결: 기본적인 목표에 대한 합의는 이루었으나 수단에 대한 의견의 불일치가 발생할 경우에 객관적 자료와 정보수집을 통해 문제를 해결하게 된다.

② 설　득: 전략적인 상위목표가 정해진 상태에서 전술적인 하위목표 간의 의견불일치를 제거하는 방법이다.

③ 협　상: 갈등 당사자 간의 직접적 해결방법으로서 이해관계의 양보와 획득이 동시에 이루어지는 조정의 일종이다.

④ 정　략: 갈등 당사자 외에 제3자의 지지와 같은 개입을 통한 문제해결 방식이다(언론, 시민단체의 도움).

(2) Thomas의 전략

① 회피: 갈등상황을 직접 해결하는 방식이 아니라 벗어나려는 전략으로서 가치의 상실 또는 목적달성이 불가능하다고 판단될 때 나타나는 행동양식으로 양자 모두가 손해를 보게 된다.

② 수용: 개인적 오류를 인식하였거나 조정, 화합 등으로 상대방의 의견을 받아들이는 것이다. 자신보다는 상대방의 이익을 최대로 한 경우이다.

③ 타협: 극단적인 갈등을 피하고 그럭저럭 만족한 수준에서 협상하는 것을 말한다.

④ 협력: 각자 자신의 이익이 예상될 때 목표를 위한 제휴방식으로서 연합이 이에 해당된다. 윈윈방식이라 할 수 있다.

⑤ 강제: 타협은 힘의 균형상태에서 가능하지만 강제는 영향력의 불균형 상태에서 자신의 의견을 관철시키기 위한 힘의 행사이다. 나의 이익을 최대로 형성하기 위한 전략이다.

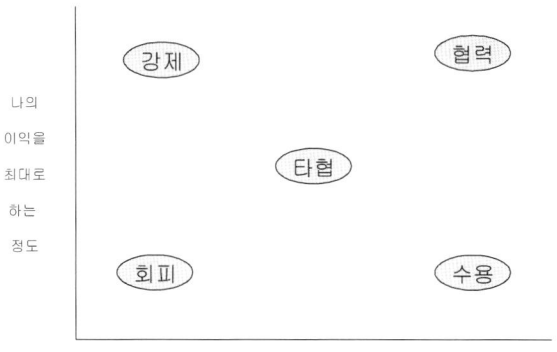

나의
이익을
최대로
하는
정도

강제   협력

타협

회피   수용

상대방의 이익을 최대로 하는 정도

6. 갈등의 기능

(1) 역기능

① 구성원들의 심리적 불안 조성으로 결속력 약화
② 조직목표 달성과 갈등 해소 방안 모색과의 전치
③ 구성원 간, 조직 간 반목과 배타감정 초래
④ 통제기능의 저하와 사기 저하

(2) 순기능

① 조직의 활성화 계기 마련으로 조직 발전에 기여
② 갈등 해결 위한 노력 등은 조직의 학습화로 문제해결능력 신장 도모
③ 갈등해결은 조직의 결속력 강화의 새로운 계기로 작용
④ 조직의 리더의 조직관리 능력 배양 기회 제공

03 행정PR

1. 의의

① 행정PR(Public Relations)이란 정부와 국민 간의 관계로서 정부는 국민에 대해 수평적인 입장에서 정부의 정책이나 활동에 대해 왜곡됨이 없는 정보제공과 알리는 활동, 과정 등을 의미한다.

② 행정 홍보 활동은 국가의 현실을 바탕으로 전개되는 것이며, 국가 목표에 대한 국민적 합의와 참여를 유도하여 정책의 안정성과 지속성을 확보한다.

③ 행정PR이 활성화되면 국민의 투입기능의 강화로 이어져 직접 민주주의의 효율성을 달성하며, 행정의 투명성과 신뢰성으로 거버넌스시대에 걸 맞는 행정구현이 가능해진다.

④ 기업이나 이익을 추구하는 집단의 선전과는 명백히 구별된다. 선전은 공익이 아닌 특정 집단의 이익을 추구하기 위한 왜곡되고 과장된 정보를 제공한다.

2. 우리나라의 성립 및 발전 과정

(1) 고전적 홍보

정부의 고전적 홍보활동의 기록은 조선 시대의 율곡 이이 선생과 다산 정약용 선생의 문헌에서 찾을 수 있다.

(2) 일제시대

근대화된 홍보의 등장은 일제 식민지하의 조선 총독부 행정 때부터라고 볼 수도 있다. 그러나 일제시대의 행정PR은 근대적인 홍보 기술을 사용하였으나 민주적인 홍보에 대한 개념이 적용되어 발전하지 못하였기에 오늘날 요구되는 쌍방향적 행정PR과는 거리가 멀다고 볼 수 있다.

(3) 현대적 홍보

① 미군정시대: 현대적인 홍보는 인권존중과 자유를 기반으로 한 민주주의 발전 과정에서 형성된 것이라고 할 때, 8 · 15 해방 직후 미군정시대에는 일체의 정치 · 행정에 민주적 운영을 위한 필수 불가결한 요소로 PR활동을 대폭적으로 강화하였으며, 정부 기능의 확대는 행정PR을 급속도로 활발하게 하였다.

② 1960년대 이후: PR이 연구와 전문 직업의 대상이 된 것은 1960년 이후이며, 본격적으로 PR이 정치와 행정, 그리고 그 대종을 이루는 기업에 도입된 것은 5 · 16 군사 혁명 후 공보부의 탄생에서 비롯된다.

3. 행정PR의 필요성과 특성

(1) **필요성**: 정부와 국민 간 신뢰구축, 국민의 알권리 충족, 공익성 지향, 정책의 안정성과 지속성 확보, 국가 활동의 홍보, 공무원의 사기증진 등

(2) **특　성**: 수평성, 의무성, 교류성, 객관성, 교육 및 계몽성, 진실성, 정치성

4. 행정PR의 순기능과 역기능

(1) 순기능

① 정부활동에 대한 국민의 관심제고와 참여 유도

② 투입기능인 국민의 지지나 비판기회 마련

③ 성공적인 PR은 정책의 효율성, 안정성, 지속성 확보

④ 국민의 지지를 받을 경우에는 공무원의 사기증진

⑤ 공무원의 정부활동 및 정책에 대한 책임성 증진

(2) 역기능 또는 우리나라의 문제점

① 일방적인 PR과 국민의 무관심은 국민의 수동적 행태 심화

② 정부의 선전용 수단으로 활용(정치적 목적으로 활용)

③ 정책의 정당성 부여 수단으로 활용

④ 국민의 지나친 PR요구는 정책의 사전 누설 및 왜곡 초래, 국가기밀유
지의 목적상 한계 노정

⑤ 미리 모든 것을 알림으로써 국민의 판단기회 상실 및 공청회 등 정보
투입기능의 약화

⑥ PR에 대한 인식부족으로 미활성화

⑦ 필요와 목적에 따라서만 PR실시

⑧ 문제 발생 후 알리는 수준의 화재경보적 또는 책임회피성 PR

⑨ 정책실패의 은폐수단

⑩ 일반관료 중심의 PR활동(PR전문가 부족)

PR의 활성화를 위한 가상공동체(pseudo community) 구성
① **가상공동체의 개념**: 사이버 공간상에서 네트워크 연계망을 통하여 정책결정(예 화상토론)이나 서비스 연계를 중시하는 뉴거버넌스적 개념과 상통한다.
② **가상공동체의 특성**
　㉠ 컴퓨터 네트워크를 통해 말과 생각을 교환하는 사람들의 집단을 말한다.
　㉡ 지역을 초월하여 더 넓은 사이버 공간과 연결되어 있으나, 지리적 거점을 지니기도 한다.
　㉢ 익명성의 개입은 가상공동체의 활동과 연대를 강화하는 요인이 되기도 하지만 한계로 작용할 수도 있다.
　㉣ 과거의 순수공동체가 해결하지 못했던 공공문제를 해결할 수 있다.

우리나라의 PR 현황
1. 의의
　정부의 정책PR 스타일이 관보 위주의 공급자 중심에서 인터넷, 영상미디어 등을 통한 적극적인 방법으로 바뀌면서 정책추진에 긍정적으로 작용하고 있다는 평가를 받고 있으며, 각종 정책홍보 및 광고 사례가 국내외 관련기관으로부터 의미 있는 상을 수상하고 있다.

2. 수상사례
　한국PR협회는 '2005년 한국PR대상 시상식'에서 올해 정부PR 금상에 기획예산처의 'BTL 민간투자제도' 정책홍보 사례를 선정했고 환경부가 제작한 물절약 홍보물 'I LOVE WATER'가 미국의 국제적인 비즈니스 수상기관인 IBA가 수여하는 스티비 상을 받았다.

3. 홍보 사례
① **홍보 부족의 예**: 대표적인 사례로 원전 핵폐기물 처리장 부지 선정. 최근 경주로 유치지역이 선정되기 전까지 이 정책은 무려 19년 동안이나 표류해야 했다. 진솔하고 체계적인 홍보 부족, 충분한 여론수렴 및 갈등관계 조정 등의 노력이 없었던 게 원인이다.
② **성공사례**: '8·31 부동산정책'은 정책수립 과정에서부터 국민적 동의와 참여를 이끌어내기 위해 최초로 공론조사를 실시해 정책에 대한 오해와 왜곡을 해소하고, "부동산 투기 이제는 끝났다."는 슬로건을 내걸고 정책에 대한 호소력을 높인 성공적 정부PR의 예로 정책의 성공에 매우 주요한 요소가 되고 있다.

CHAPTER

권위와 리더십

01 권위와 권력

1. 권위와 권력의 개념

(1) 권위의 개념

정당성을 바탕으로 조직목표달성을 위한 영향력, 힘의 행사를 말한다(직책은 그 자체의 권위를 보유). 또한 권위는 명령에의 복종이 자유의사에 기인하는 자발적이고 합리적인 정당성에 근거를 두는 자율성이 중시된다.

(2) 권력의 개념

권위와 같이 정당성보다는 상대방을 복종시키는 일방적, 물리적 수단을 동원하는 것을 말한다. 또한 권력을 사회적 관계에서 행위자가 저항을 물리치고 자신의 의지를 관철시킬 수 있다고 인식한다.

(3) 권력(power)과 권위(authority)는 모두 인간을 복종시키는 힘으로 공통점을 지니고 있으나, 권력은 사람들이 그 정당성을 승인하여야만 비로소 권위가 되는 것이다.

2. 권위의 특성 및 기능

(1) 권위의 특성: 정당성, 자발성, 공식성, 사회성, 장기성, 권력 의존성
(2) 권위의 기능: 책임의 강제기능, 전문성 확보기능, 조정의 촉진기능

3. 권위의 이론적 고찰

(1) 명령권리설(하향적 권위설): 상급자가 하급자에게 일방적으로 명령할 수 있는 권리(주로 계층제에서의 직책 또는 직위에 속해있는 고유권한으로부터 나옴)
(2) 수용권설(상향적 권위설): 상급자의 권위를 하급자가 어느 정도 수용하느냐에 따라 권위가 좌우되는 상향성 권위(계층제의 직위와는 상관없이 상관의 개인속성에 의해 수용 여부가 결정되고, 그 수용 여부가 권위의 강도를 규정함)

4. Simon의 권위의 수용기준

(1) 신뢰의 권위: 어떤 개인이 대상자의 전문성과 경륜, 인격, 지식 등을 신뢰함으로써 그 사람의 의견을 비판 없이 수용할 경우의 권위(조직적 차원의 행정적 권위와 개인적 차원의 전문적 권위로 구분)
(2) 동일화(일체화)의 권위: 조직의 귀속감과 일체감, 동질감, 충성심으로 수용시키는 권위
(3) 제재적 권위: 제재를 수단으로 하는 권위
(4) 정당성의 권위: 조직의 규칙, 규범으로부터 나오는 합법적인 권위

5. French와 Raven의 대인관계 권력유형

(1) 보상적 권력(Reward power): 복종의 대가에 따른 보상이 주어지는 경우

(2) 강요적 권력(Coercive power): 대상자를 처벌할 수 있는 경우

(3) 합법적 권력(Legitimate power): 계층상의 직책에 부여된 기능으로부터 나오는 경우의 권력

(4) 준거적 권력(Referent power): 상급자와 자신의 특성의 일체감 또는 유사성을 인정하고 자신의 보상심리 충족과 모방심리로 인해 수용되는 권력(일종의 카리스마)

(5) 기타 전문기술과 지식, 정보능력에 대한 수용 등에 의한 권력행사(정보의 독점력 등)

6. 권위의 수용

(1) Barnard의 수용이론과 무차별권

① 수용가능의 조건: 전달내용의 명확, 조직목표와 개인목표와 조화 및 일치, 전달내용에 따른 대응능력을 보유

② 무차별권: 상급자의 명령을 하급자가 아무 이견이나 비판 없이 수용되는 경우를 말한다.

(2) Simon의 수용권

① 상대방의 결정에 대한 수용조건
  ㉠ 상대방 결정의 정당성(장점)을 검토한 후 정당성이 인정되어 수용하는 경우
  ㉡ 정당성을 검토하지 않고 수용하는 경우
  ㉢ 검토한 결과 장점이 나타나지 않은 경우에도 따르는 경우

② 권위의 수용범위: ⓛ과 ⓒ의 경우로서 상대방의 결정에 대해 검토하지 않거나 자신에게 장점으로 작용하지 않음을 알면서도 따르는 경우를 말한다. 자아의식과 비판의식이 높은 사람일수록 수용권의 영역(범위)은 좁아진다고 주장하였다.

heck point

힘 실어 주기 이론
① 권력은 사람에 대해 지배하는 수단이 아니라 일을 성취하는 힘으로 규정한다.
② 인간을 자아실현적이고 자율적, 규제적 존재로 파악하고 있다.
③ 부하에 권한을 부여하는 분권화를 추구한다.
④ 힘을 부하에게 실어 준다는 것은 권력누수를 가져오지 않고 자신의 권력 확장으로 인식한다.

02 리더십

1. 의의

① 리더십이란 조직의 목표를 효율적으로 달성하기 위한 관리능력 등을 포함한 제반 조직운영에 관한 개념을 포함하며, 현실 지향적인 관리자의 개념과는 구별된다.
② 1930년대 인간관계론과 60년대 후기인간관계론(동기부여이론)의 영향을 받아 리더십 이론의 중요성이 관심을 갖게 되었다.
③ 리더십은 권위를 바탕으로 자발적인 복종과 비공식관계하에서도 작용하지만 헤드십은 계층제 구조에서 권력을 바탕으로 공식적 관계에서 발생하는 명령과 복종 사이의 관계에서 강제적으로 작용된다.

2. 특성

① 목표 및 미래 지향적 관심과 비전을 제시할 수 있는 안목과 능력 소유
② 리더와 추종자 간의 상호관계 중심
③ 환경을 중시하며, 구성원을 이끄는 능력과 조직 내외적 상황의 관리 능력
④ 조직의 일체성 강조, 동기부여 적극 활용, 권위와 상징의 지배수단 소유
⑤ 평소보다 위기상황일 때에 리더는 선악 구별 기준이 명확한 이원적 세계관을 지니며, 타인의 의사나 충고를 무시하는 성향을 보임
⑥ 리더는 공식, 비공식 조직 어떤 조직이나 모두 존재
⑦ 리더의 유형은 비고정성이며, 상황에 따라 가변성과 신축성을 보임

3. 리더십의 역할

① 진단적 기능(diagnostic function): 리더는 집단을 위하여 상황을 규정・진단한다.
② 처방적 기능(prescriptive function): 리더는 규정된 상황을 해결하기 위하여 집단이 취해야 할 행동을 처방해 주거나 집단을 대표하여 취할 수 있는 행동을 제시하는 기능을 갖는다. 그들은 집단의 목적에 이바지할 수 있는 방식으로 문제가 해결되도록, 행동계획을 고안해 내야 한다.
③ 동원기능(mobilizing function): 리더는 그들이 주도하는 집단에 대한 상황 규정과 그들이 처방한 행동계획에 대하여 집단의 전폭적인 지지 또는 유력한 지지를 획득해야 한다.

리더십 대체물 접근법

1. 의의
   Kerr와 Jermier는 리더십 대체물 접근법을 주장하였는데, 리더십을 필요 없게 만들거나 리더십의 중요성을 감소시키는 기능을 하는 상황적 요인으로 대체물과 중화물을 제시하였다.

2. 대체물과 중화물
   (1) 대체물: 리더 존재 자체를 약화시키는 요인으로서 부하 및 조직의 특성, 과업과 같은 상황요인이다.
   (2) 중화물: 리더가 취한 행동의 효과를 감소 내지는 희석시키는 상황요인을 말하며, 구성원의 응집력이 너무 강하거나 리더가 구성원들에게 적절한 보상을 주지 못하고 리더가 좌지우지 못하는 조직의 보상체계를 중화물이라 한다.

4. 리더십 이론의 발전 과정

(1) 특성론 또는 자질론(1940~1950년대)

리더에 대한 초기 연구로서 리더의 특성 또는 자질을 중심으로 연구하고 구분하였다(단일적 자질론 - 자질의 고정성 개념, 성좌적 자질론 - 상황에 따라 자질의 가변성 강조).

(2) 행동론(1950~1960년대)

리더의 자질보다는 행동유형에 관심을 눈 연구관섬으로서 오하이오 주립대학과 미시간 대학의 연구에서 활발히 진행되었다.
① Blake와 Morton의 행동유형(관리격자이론): 과업(생산)과 구성원(인간관계)을 기준으로 한 리더십 유형으로서 조직 발전(전술)을 참조
② R. Likert의 관리체제이론(Ⅰ ~ Ⅳ): 전술

(3) 상황론(1960~1970년대)

리더의 자질과 행동에 맞춘 이론이 아니라 당시의 상황에 따라 적용되는

리더십이 다르다는 입장이다. 즉 상황에 적절한 리더십 유형이 조직의 효과성을 증진시킨다는 관점의 이론이다.

① Fiedler의 상황이론(상황적응모형)
　㉠ 개념
　　㉮ 리더십의 효과성을 높이기 위해 조직에서의 3가지 상황(리더와 부하와의 관계, 과업상황 또는 업무구조, 리더의 지위와 권력)에 따라 리더의 행태는 달리 적용해야 한다고 보는 이론이다.
　　㉯ LPC(Least Preferred Co-worker, 가장 좋아하지 않는 동료에 대한 척도)에 의해 인간관계 지향적 리더십과 과업 지향적 리더십으로 구분하여 상황변수에 따른 적용을 강조
　㉡ 유형
　　㉮ 인간관계 지향적 리더십: 리더가 처해 있는 상황이 유리하지도 불리하지도 않은 경우에 효과적
　　㉯ 과업 지향적 리더십: 상황이 매우 유리하거나 불리할 경우에 효과적
　㉢ 특성: 자기 맘에 들지 않는 동료를 부정적으로 보는 리더는 LPC 점수가 낮고 과업 지향적 리더십의 형태이며, 반대로 관대하게 평가하는 리더는 점수가 높은 인간관계 지향적 리더십의 유형이라 할 수 있다.
　㉣ 상황변수: 상하관계, 업무배분구조의 명확성, 지위와 권위의 수용여부, 직위와 권력의 일치 여부 등

② Hersey와 Blanchard의 상황이론: 3차원 리더십
　㉠ 개념: 리더의 효과성을 상황과 연계시켜 주장하면서 부하의 업무성숙도에 따라 적용되는 리더십을 다르게 보고 과업 중심형과 인간 중심형 리더십으로 분류하였다.
　㉡ 유형
　　㉮ 과업 중심형: 부하의 성숙도가 낮은 경우(목표, 역할 등의 지시형태)
　　㉯ 인간 중심형: 부하의 성숙도가 중간 정도 또는 그 이상일 경우로

서 중간 정도일 경우에는 배려와 지원으로 부하의 능력을 극대화
하도록 유도하는 유형

ⓒ 유형의 세분화(과업 중심형: ㉮와 ㉯, 인간 중심형: ㉰와 ㉱)

㉮ 지시형 리더십: 능력도 없고 의지도 없는 경우

㉯ 제시형 리더십: 능력은 없고 의지는 있는 경우

㉰ 참여형 리더십: 능력은 있지만 의지가 없는 경우

㉱ 위임형 리더십: 능력과 의지가 있는 경우

③ Reddin의 3차원 리더십: 크게 과업지향형과 인간관계형의 구분하에
네 가지의 유형으로 세분하고 상황에 따라 리더의 형태가 다르게 나
타난다고 보았다.

㉠ 헌신형: 과업 지향형

㉡ 관계형: 인간 관계형

㉢ 분리형: 과업과 인간관계를 모두 고려하지 않은 유형

㉣ 통합형: 과업과 인간관계를 모두 고려하는 중간 형태의 유형

④ R. House와 Evans의 통로·목표유형

㉠ 개념: 부하의 목표달성에 이르는 진로(통로, 수단)의 다양성과 상대
적 유용성에 따라 리더의 효과성이 다르게 결과한다고 보았다. 즉
통로란 부하의 목표(보상)를 달성해 줄 수 있는 경로(리더의 행위)
로서 리더가 이것들을 부하에게 명확하게 제시해 주어야 리더의 효
과성이 증진되는 것이다(보상에 대한 약속, 신뢰).

㉡ 유형

㉮ 지시적 리더십: 부하의 모호한 역할 상황과 능력 부족, 낮은 공식
성의 조직 등에 적용되는 유형으로서 조직의 활동계획 설정, 조
정, 통제 등을 직접 리더가 수행한다.

㉯ 지원적 리더십: 직무의 권태감 등의 해소와 목표달성에 대한 자신
감을 불러일으키는 리더형태이다.

㉰ 성취 지향적 리더십: 부하의 목표달성의 의지는 높지만 비정형적

과업 수행 시 자신감을 갖도록 성공에 대한 확신을 부여하고 일
종의 선동방식을 활용하는 유형이다.

  ㉣ 참여적 리더십: 비정형적 과업을 수행하는 경우에 부하들의 참여
  를 통해 과업과 역할에 대한 재구조와 확인, 문제점 발굴 등을
  통해 성과를 제고시키는 유형이다.

⑤ Vroom - Jago의 상황이론

  ㉠ 개념: 다양하게 경합되어 있는 상황의 경우 상황에 따라 적합한 의
  사결정방식을 적용하여 조직의 성과를 높일 수 있다는 이론이다.

  ㉡ 리더의 양태

  ㉮ 자신의 정보로 단독적인 결정

  ㉯ 부하의 정보로 단독적 결정

  ㉰ 문제를 공유하고 부하의 개별적정보로 단독적 결정

  ㉱ 문제를 공유하고 부하와 집단적 정보로 단독적 결정

  ㉲ 문제를 공유하고 부하와 집단적 정보로 집단적 결정

5. 일반적 유형의 리더십 비교

변 수 ＼ 유형	민주적	전통적	자유방임적	카리스마적
리더와 성원 간의 관계	우호적	수동적	무관심	복종 강조
집단의 특성	강한 응집력, 안정적	구성원의 이동성, 공격적	개인적, 냉담적	추종력·응집력 강함.
리더 부재시 성원의 태도	변화 작음	안도감과 부적응	불만족	불안정

6. 최근의 리더십 이론

(1) 변혁적 리더십(전환적 리더십, Transformational Leadership)

① 개념: 변화 지향적이며, 조직의 생존과 환경적응을 중시하는 개방적 리더십으로서 탈관료제와 불안정한 상황변화에서 적실성이 높으며, 조직의 개혁을 추구하는 신공공관리론적 리더십의 특성을 가지고 있다.

② 내용
　㉠ 조직 구성원들의 높은 실적과 관여를 유인하는 장치를 강조
　㉡ 임무에 대한 미래의 비전을 제시하여 자신감을 불어 넣는다.
　㉢ 도덕적, 모범적 행동으로 존경과 신뢰를 얻는다.
　㉣ 개인의 다양성과 창의성을 존중하고 지원한다.
　㉤ 조직과 개인의 공생적 관계를 형성한다.
　㉥ 구성원들 사이의 신뢰를 구축한다.

③ 특성: 리더는 비전을 제시하고 상징적 행동과 유인, 지적 자극, 인격적 대우, 부하의 자율성 인정과 동시에 헌신을 요구, 조직 구성원의 공공선 지향 유도, 현상 타파적 등

(2) 거래적(교환적 리더십, Transactional Leadership)

① 개념: 리더와 부하 간의 거래, 교환관계를 중심으로 소식이 운영되는 리더의 유형이다. 즉 부하와 리더와의 관계가 리더는 복종과 추종에 대한 대가로 승진이나 물질적 보상 등을 제공하고, 반대로 부하는 리더로 인정하고 복종함으로써 대가를 원하는 관계로 리더십이 형성된다.

② 특성: 변혁적 리더십과는 대별되는 형태로서 안정과 능률 지향적이고 기술구조나 기계적 관료제에 나타날 수 있으며, 안정적 환경에서 볼 수 있는 리더의 유형이다.

□ 변혁적 리더십과 거래적 리더십의 비교

변혁적 리더십(전환적 리더십)	거래적 리더십(교환적 리더십)
• 리더가 영감을 소유하고 비전을 제시 • 추종자에 대해 지적인 자극을 유도하고 고무시킴 • 조직에 대한 도덕성의 강조로 자발적 참여유도 • 조직관: Y론적 관리 • 조직발전(OD)과 신공공관리론에 적용되는 리더십, 발전행정론적 리더십 • 리더십의 특징: 카리스마, 리더의 솔선수범, 공동가치 추구, 조직문화 중시, 권한위임과 창의성 중시, 개인적 배려와 구성원의 능력개발 기회제공, 조직목표를 위한 지적 고무와 자극, 변화 지향적 리더십	• 리더와 추종자는 거래를 통한 관계 • 리더는 추종자(지지자)의 지지의 대가로 추종자의 요구를 수용하고 신속한 보상으로 대처 • 규율을 중시하며, 룰을 통한 리더와 구성원 간의 교환관계로 조직이 유지 • 리더십의 특징: 명령과 보상유지, 안정 지향적 리더십(자유방임적 리더십은 아님)

(3) 지식정보사회의 리더십

변화의 담당자, 잠재력 고양, 총명한 리더보다는 파급효과를 지닌 비전과 집합적 행동력을 가진 인간지능의 결합자체로 규정한다(D. Tapscott).

(4) 조직리더십(김대근)

① 조직의 특성

㉠ 조직을 마치 살아있는 유기체와 같은 것으로, 그 조직의 환경과 상호작용을 통하여 생존을 위해 끊임없이 외부환경과 상호작용하는 유기체로 보았다. 즉 조직을 개방 체제적 모델(개방체제론)과 개체군 생태학적 모델(자연선택론 또는 개체군 생태론)의 관점에서, 조직은 끊임없이 자원을 투입하고 전환, 산출하며 변화하는 환경에 적응하는 살아있는 개체로 보았다.

㉡ 조직구성원들과 리더는 교체되어 변화하더라도 조직은 고유한 저장 능력을 보유하고 있어서, 일정한 형태의 조직행태와 인식체계, 규범과 가치체계를 갖고 있다는 것이다. 그리고 조직의 행태와 인식체계, 규범과 가치체계는 조직이 스스로 살아 움직이게 하는 요인으로 작용하게 된다.

ⓒ 자기조직화(self-organizing)하고 스스로 생각하고 진화하는 살아있는 조직은 조직 자체의 발전과 변화를 추구해 가면서, 축적된 조직의 인식체계와 가치체계를 그 조직의 구조와 규범에 배태시켜 나간다. 그리고 배태된 조직의 구조와 규범들은 점차적으로 조직의 내적·외적 도전들에 대해 적응하는 조직자체의 능력으로 바뀌어 나가게 되는 것이다.

ⓒ 살아있는 유기체로서의 개인이 자신에 배태되어 있는 독특한 개인리더십을 가지고 있듯이, 조직자체도 조직에 고유하게 배태되어 있는 구조적·규범적 특성들의 조합인 독특한 조직리더십을 가지고 있다.

② 조직리더십의 개념: 조직구성원들, 추종자, 부하 등이 그들의 리더의 비전을 공유하고 추종할 수 있도록 만드는 리더 자신에게 독특하게 배태되어 있는 개인의 능력과 역량을 개인 리더십이라고 개념 정의한다면, 조직리더십은 "조직의 외생적·내생적 자극에 반응하면서, 조직의 비전, 전략 및 목표의 공유와 조직에 몰입할 수 있도록 만드는 조직 그 자체에 독특하게 배태되어 있는 조직의 능력과 역량(capacity)"으로 정의할 수 있다. 여기서 말하는 '외생적 자극'이란 정부 조직이 직면하고 있는 세계화, 개방화, 정보 및 지식네트워크화 등과 함께 불확실성과 복잡성이 증가하고 있는 외부환경에서의 주어지는 도전이고, '내생적 자극'이란 조직 내에서 발생하는 변화에 대한 지향 및 갈등, 조직구조와 과정의 변화에 대응하기 위한 새로운 조직구조와 규범 등과 같은 내부 환경에서 발생하는 압박요인들이라 할 수 있다.

③ 조직리더십 구축조건

ⓒ 조직구조적 조건: 조직리더십이 조직구조와 조직의 집합적 가치나 규범에 이상적으로 구축되기 위해서는 지식패러다임에 적합한 조직설계를 통한 조직구조를 형성해 나가야 한다. 이른바 "학습조직을 기반으로 한 네트워크화된 조직" 유형을 설계하기 위한 조직설계원칙이 필요하고, 그러한 설계원칙에 맞는 조직구조와 인적 자원

에 대한 인식의 전환과 의사결정환경과 의사소통 형식의 변화에 능동적일 때 조직리더십은 더욱더 많이 성장한다.

ⓛ 조직학습적 조건: 조직구성원이 조직 내·외의 지식 및 정보를 발굴하고 입수한 다음, 조직 내에서 공유하고 일상적 업무에 적용하고 새로운 지식을 창출하는 한편, 이를 조직 전체에 보급해 조직 자체의 성장, 발전, 능력을 증가시킬 수 있도록 조직 자체의 지속적인 학습활동을 하게 하는 것이다. 즉 조직학습을 통하여 학습조직화가 되어야만 조직리더십이 조직에 배태되는 조건을 갖추었다고 할 수 있다. 조직학습이란, 조직 수준에서의 학습이 이루어지는 현상으로, 개인학습 및 집단학습과는 다른 하나의 학습유형이다.

ⓒ 조직공유예술적 조건: 조직은 조직 내·외적으로 서로 다른 이해관계자들을 가지고 있다. 그러므로 지속성 있는 조직혁신과 높은 조직성과를 유지하고, 조직의 다양성을 확보하기 위해서는 이해당사자들과의 다양한 공유의 기술(sharing skills)들을 활용해야 한다. 그렇지 못하면, 조직의 다양성은 오히려 비용 증가의 부담으로 작용할 수 있기 때문이다. 정부는 지식정보관리를 위해 정보화 사업을 통해 정보시스템의 구축과 커뮤니케이션 네트워크 구축에 심혈을 기울이고 있다. 조직의 모든 구성원을 연결시키는 네트워크와 방대하고 체계적인 데이터베이스 및 지식베이스, 그리고 그룹웨어를 비롯한 각종 하드웨어 도입들이 정부의 지식관리를 위한 시스템 구축의 일환이라 할 수 있다. 엄격한 권위와 책임보다는 공유된 권한(sharing authority or power, 권한 공유)과 책임의 공유(sharing authority and responsibility)는 조직리더십을 향상시킨다.

④ 지속가능한 정부혁신과 조직리더십의 역할

ⓐ 조직리더십의 개념화를 위한 실제 분석학습을 통하여 혁신과 관련된 지식의 공유, 조직혁신을 통한 변화가 어떻게 이루어져야 하는지에 대한 변화의 공유, 심지어 조직의 관성(organizational inertia)에 의해 변화를 두려워하는 구성원 간의 갈등도 함께 공유해야만 한다.

ⓛ 그러한 공유행위를 통해 조직리더십이 성장하고, 그 조직리더십을 통하여 진정한 정부조직의 혁신이 이루어질 수 있다. 개별적 공유의 행위(acting – sharing)들이 전체 조직구성원들의 참여를 바탕으로 한 조직차원의 공유의 행위들로 전환되고 배태될 수 있도록 유도되어야만 지속적인 정부의 혁신과 변화, 높은 성과를 창출해 낼 수 있을 것이다

(5) 문화적 리더십

① 개념: 1980년대 민간기업의 조직문화 연구가 활발히 진행되면서 발전하였으며, 사회문화적 맥락에서 리더의 특성을 파악한다. 즉 리더의 역할과 철학 및 가치관에 따라 조직문화가 형성되고 변화된다고 보고 리더의 적극적인 솔선수범의 행동을 중시한다.
② 특성: 조직 및 개인의 규범1 · 가치 · 신념의 강화, 상징활용과 구성원에 대한 자신감 부여, 상호 존중과 권한위임, 조직문화 유지 노력, 공동체의식 강화, 모험감수 등
③ 학자들의 견해: 학교문화 등에 적용되는 성직자, 교육자의 모습(Sergiovanni), 규범이나 신념 등의 강화 및 각종 의식을 통한 구성원의 유도(Deal과 Perterson), 문화관리 및 창달자로서의 학습리더의 모습(Schein)

(6) 도덕적 리더십

① 개념
  ㉠ 변화 지향적 리더십의 일종으로서 조직목표와 부합되는 비전을 제시하며, 확고한 리더의 윤리와 철학에 대한 신뢰를 바탕으로 추종자들로 하여금 조직에 적극적으로 헌신하고 참여하도록 유도한다.
  ㉡ 리더의 도덕적 행위와 비전, 상호 신뢰를 통한 공동목표 및 가치추구, 카리스마(위광적), 변혁적, 개방적 리더십 등의 특징을 종합적으로 가지고 있다.

② 특징: 미래지향적, 헌신, 참여를 바탕으로 한 공동체 의식 강화, 평등과 배려, 존중, 구성원의 능력개발 중시, 정의와 청렴성, 신뢰 등

(7) 창조적 리더십

① 창조적 리더십이란 새 시대·새 사조에 맞는 분위기를 형성하려는 리더십뿐만 아니라 현대사회의 모순과 부조리를 극복하여 인류의 위기를 구제할 수 있는 새로운 형의 리더십이라 볼 수 있으며, 인간화를 지향하는 새로운 유형의 리더십이다.

② 창조적 리더십은 지도자가 새로운 가치와 상징을 만들어 내거나 다른 집단으로부터 새롭고 바람직한 가치를 자기집단에 도입하여 창조하는 경우의 유형이다.

③ 현대 기능사회의 병리를 진단하고 치유할 수 있는 새 가치와 기술을 창조하여 집단에 주입시킴으로써 인간화를 지향한 여건 조성을 창출할 수 있는 리더십으로 볼 수 있다.

(8) 국가경영 리더십(대통령 리더십)

① 개념: 최근 들어 대통령학이 발전하면서 역대 대통령들의 리더십의 부족 등으로 정책실패의 반복으로 인한 국가파탄 등의 문제가 거론되면서 국가도 하나의 경영이라는 인식이 증대되면서 대통령의 바람직한 리더십 모색에 관심이 제기되었다.

② 역대 대통령의 리더십에 대한 조명(김호진)
  ㉠ 이승만: 가부장적 권위형(1948~1960)
    ㉮ 가부장적 위엄으로 국민 위에 군림하기를 즐겼으며, 그 당시는 서구를 아는 지식인이 새로운 엘리트로 주목받는 시대였다. 그의 이미지는 메시아를 연상케 했다. 이것이 그가 해방정국의 대세를 휘어잡은 동인이다.

ⓒ 이승만에게 4선 출마는 자신의 운명을 재촉하는 마녀의 유혹이었으며, 이승만에게 권력은 버리기 아까운 애첩이었다.

ⓓ 미국도 다루기 힘든 위풍당당한 할아버지였으며, 인간 이승만은 소박하고 검소했다.

ⓛ 장 면: 민주적 표류형(1960~1961), 장면은 민주주의에 대한 향수와 좌절의 쓰라림을 함께 안겨 주는 이율배반적인 인물이었다.

ⓓ 박정희: 교도적 기업가형(1961~1979)

ⓐ 박정희는 남달리 권력동기가 강한 사람이었으며, 재임 18년 동안 주식회사 대한민국의 CEO를 자임하며 교도관처럼 채찍을 휘둘렀다.

ⓑ 박정희는 지식인의 머리를 빌릴 줄 아는 지식경영인이었다.

ⓒ 박정희에게 매카시즘은 지배전략의 알파요 오메가였다.

ⓓ 산업화와 독재는 박 정권 18년을 지탱한 양날의 칼이었다.

ⓔ 박정희의 삶, 그것은 콤플렉스의 변주곡이었다.

ⓡ 전두환: 저돌적 해결사형(1980~1987)

ⓐ 전두환은 보스기질이 있는 통 큰 남자였으며, 박정희 정권의 유복자였다.

ⓑ 전두환 정권은 이산가족의 아픔도 철저히 정치에 이용했다.

ⓒ 솜씨는 거칠었지만 결국 성장과 안정의 두 마리 토끼를 잡는 데 성공했다.

ⓓ 전두환은 믿는 사람에게는 주저함이 없이 든 가방을 맡기는 화끈한 사람이었다.

ⓜ 노태우: 소극적 상황적응형(1988~1992)

ⓐ 노태우에게 전두환은 친구이면서도 보호자 같은 존재였다.

ⓑ 노태우는 성공한 2인자였지만 국가경영에는 해야 할 것도 안 한 팔짱 낀 무사론자였으며, 너무 신중한 게 탈이었다.

ⓒ 처남과 동서가 참석하는 가족모임이 인사위원회 기능을 대신하기도 했다.

ⓗ 김영삼: 공격적 승부사형(1993~1997)

㉮ 세상 무서울 것이 없는 나이에 국회의원이 되자 그의 외아들 콤 플렉스는 소영웅적인 충동성을 띠게 된다.

㉯ 김영삼은 정치에는 귀재였지만 경제에는 문외한이나 다름없었다.

㉰ 승부수적 성격 덕분에 정권을 잡는 데는 성공했지만, 바로 그 이 유 때문에 국가경영에는 실패했다.

㉱ 김영삼은 과거와의 화해를 거부했고, 미래에 대한 고뇌도 기피했다.

㉲ 김영삼은 안타깝게도 다른 사람의 머리를 빌릴 준비가 안 되어 있었다.

㈇ 김대중: 계몽적 설교형(1998~2002)

㉮ 한국 현대사에서 김대중은 불사조 같은 인물이다.

㉯ 김대중은 대통령이 될 때까지 줄곧 색깔 콤플렉스에 시달려야 했다.

㉰ 무사안일과 게으름은 완벽주의의 적이라고 생각했다.

㉱ 김대중은 제왕학의 기본에 충실한 국가경영자였다.

C heck

P oint

매카시즘(McCarthyism)

1950년대 미국에서 일어난 반공사상(反共思想). 50년 2월 미국 공화당 상원의원 조지프 레이먼드 매 카시가 국무부의 진보적 성향을 띤 100여 명에 대해 추방을 요구했으며 많은 지도층 인사를 공산주의자로 몰아 공격했다.

동서냉전이 강화되는 가운데 미국사회를 휩쓸었던 이 초보수적(超保守的)인 정치적 흐름을 당시 상원 국내치안분과 위원장이었던 그의 이름을 따서 '매카시 선풍'이라 부른다. 2차대전이 종결되고 미국과 소련 간의 연합국 동맹이 분열되면서 사회주의 진영과 식민지 민족해방운동 세력의 급속한 성장에 직면해 체제 보존의 위기를 절감한 지배층의 보수강경 분파가 전시 총동원체제로부터 전후(戰後)체제로 순조롭게 체제 를 재편성하고 헤게모니의 기반을 다지고자 의도적으로 일으켰던 이 '공산주의자 사냥'은 미국 국내외로부 터 심지어 당 안에서도 격렬한 비판에 부닥쳐 국제관계에서의 긴장완화와 더불어 점차 스러졌고 매카시는 54년 분과위원장직에서 해임됐다. 그 후로도 골드워터 공화당 대통령후보로 대표되는 보수주의의 흐름은 간헐적으로 지속돼 '신(新)매카시즘'이라 불리고 있다.

조직의 사무관리

01 사무관리의 개요

1. 사무관리의 의의

(1) 개념

① 사무관리(office management)란 조직의 운영에 필요한 정보를 효율적·합리적으로 생산하여 조직목적 달성에 필요한 업무처리 과정에 활용하기 위한 관리활동이라 할 수 있다.

② 행정사무활동에 있어서 조직을 통하여 최소의 비용으로서 최대의 효과를 거둘 수 있도록 인적 자원·물적 자원·시간·장소 등을 효율적으로 활용해 나가서 행정목적을 신속히고 정확하게 달성해 나가는 과정이다.

C heck

P oint

사무에 대한 학자들의 정의(이종수)
① Leffingwell: 서술과 면담, 회계예산, 분류와 정리·보관 등
② Hicks: 기록과 보고서의 준비, 기록의 보존관리(바인딩과 폐기 등), 계산, 의사소통(전화, 서신, 보고, 회의 등)
③ 나미키: 조직활동에 필요한 정보의 전달과 처리 과정을 수행하는 일

---

(2) 목적 및 필요성

사무의 간소화, 표준화, 과학화 및 지식 정보화를 통해 행정의 능률향상
과 비용을 줄이는 데 목적이 있으며, 행정기능 및 업무량의 급속히 증가와
전문화, 복잡화된 현대행정에서 그 필요성과 중요성이 요청되고 있다.

2. 사무관리의 기능

(1) 조직체 활동의 촉진 기능

사무는 조직의 각종 활동에 필요한 자료와 정보를 수집・분석・정리・준
비 상태에서 효과적 사무처리와 의사결정에 필요한 정보를 제공하여 조직
목표 달성에 기여하는 중요한 수단이다.

(2) 부서 간 연계와 지속성 유지 기능

조직활동의 과정에서 각 부서 간 업무연계와 지속성을 유지해 주는 기능
을 한다(수단은 문서기안 및 협조, 통보 등).

(3) 정보처리 기능

조직의 목적달성을 위한 정보처리 기능을 말한다. 즉 정보의 생산・수
집・전달・재생산, 분석 및 평가의 제반활동의 기능을 포함하고 있다.

3. 사무관리의 원칙

행정기관의 사무는 용이성, 정확성, 신속성 및 경제성이 확보될 수 있도
록 관리하여야 하고, 전자시스템을 통해 이루어져야 한다.

(1) **숙련이전의 원칙**: 업무 과정에서 발생한 노하우 등 암묵지와 형식지가 보존되고 후배나 인수자에게 전달되어야 하는 원칙이다.

(2) **공통사무집중의 원칙**: 유사하거나 공통적인 사무는 공간적으로 연계되어 한 장소에서 이루어져야 한다는 원칙이다.

(3) **예외의 원칙**: 여러 가지 원칙에 의한 사무관리가 이루어지면서도 상황에 따라 적용해야 한다는 신축성의 원칙이다.

(4) **집행관리의 원칙**: 진행관리의 원칙으로서 집행되고 진행되는 과정에서 목적에 맞도록 관리되어야 한다는 원칙이다.

(5) **기계화의 원칙**: 사무관리에 인간의 능력은 한계가 있으므로 업무처리의 정확성을 기하고 집중관리하는 등 일정한 기준들에 따라 운영되는 원칙을 말한다.

(6) **사무표준화의 원칙**: 사무의 효율성을 높이기 위해 사무처리 과정에 표준화를 추구한다는 원칙이다.

02 사무관리의 내용

1. 사무관리 방법

(1) **파일링(Filing)**: 일명 철이라고도 하며, 문서 등 기록물을 일정한 기준에 의해 정리해 놓음으로써 필요시 신속하고 정확하게 활용하기 위한 방법이다.

(2) **보 관**: 파일링된 문서 및 기록물들을 구분된 서류함에 넣어 두는 것을 말한다.

(3) **보 전**: 문서 및 기록물들은 가치에 의해 일정기간 보존 기관이 정해져 역사적인 자료 또는 필요 시 활용할 수 있도록 일정한 장소인 문서고에 장기간 보관하는 것을 말한다.

(4) O&M제도: OM(Organization Methods)란 단순히 조직과 사무의 방법만을 말하는 것이 아니라 사무방법에 관한 O&M전문가(담당관)의 자료 및 정보를 사무담당자에게 제공하여 행정사무 능률성을 확보하려는 전문가의 전문적 조사분석과 그에 따른 조언 기능의 총체를 의미한다.

O&M 담당관의 필요성 및 장점(유종해)

① O&M 전문가는 특정 부서의 문제점을 전문적인 연구로 해결할 수 있고 독자적인 견해를 제공할 수 있는 능력이 있다.
② O&M 담당관은 행정관리자에 비해 한 가지 분야만 연구하고 집중한다는 측면에서 매우 효과적이다.
③ O&M 담당관은 어느 특정 부서에 속해 있지 않으므로 조직전체의 관점에서 조직 또는 절차에 관한 문제점을 연구할 수 있다.
④ O&M 담당관은 조직체 내의 여러 곳에서 수행되는 동질적인 일에 관한 경험을 토대로 새로운 방안을 테스트해 볼 수 있는 기회가 많은 것이 장점이다.
⑤ O&M 담당관은 조직과 방법문제에 있어서 특수훈련을 통하여 전문적 조사방법의 기법을 체득할 수 있다.

2. 사무개선의 기본목표와 원칙

(1) 기본목표

① 경제성: 사무에 소요되는 경비의 절약을 추구한다.
② 신속성: 문서이동경로의 단축 등 여러 가지로 절차의 간소화를 통해 사무의 속도를 높인다.
③ 정확성: 사무 과정상의 실패나 착오를 감소시킨다(계산사무의 기계사용, 점검 및 조회의 적정화, 반복사항의 기록화 등).
④ 용이성: 일반적으로 사무의 개선을 말한다(기계화, 불필요한 동작 축소, 사무환경의 개선, 사무내용의 통폐합, 균등한 업무배분 등).

(2) 일반원칙

① 목적추구의 원칙: 사무의 목적과 용도를 명확히 해야 한다.
② 폐지의 원칙: 현재 수행되고 있는 사무가 최종목표와의 적절성 여부를 판단하여 그렇지 않을 경우에는 폐지(배제, 금지)한다.
③ 선택의 원칙: 여러 가능한 대안 중에서 가장 합리적인 수단(방법)을 선택한다.
④ 최적화의 원칙: 앞의 원칙에 대해 호적화(好適化)하기 위하여 분업화 및 전문화 등을 적용하여 더욱 합리화시킨다.

3. 사무관리의 대상 및 분장

(1) 대 상: 공문서관리, 정책실명제, 관인관리, 보고(협조)사무, 서식관리, 업무편람, 사무자동화, 사무환경 및 행정사무개선 등이 포함된다.
(2) 분 장: 각 부서(과 중심)장은 사무의 능률적 처리와 책임 소재의 명확함을 기하기 위하여 소관 사무를 단위업무별로 분장하되, 어느 한 공무원에게 업무가 집중되거나 편중되지 않도록 배분해야 한다.

4. 사무의 인계 및 인수

공무원이 인사발령 또는 사무분장의 조정 등의 사유로 사무를 인계인수할 때는 직무편람 및 담당사무에 관한 진행상황, 관계문서, 자료 기타 업무와 관련되는 사항을 구체적으로 문서로 작성하여 인계인수하여야 한다. 사무인계인수서는 처리과에서 영구보존하는 것이 원칙이다.

03 우리나라의 행정사무관리

1. 행정사무관리의 발전 과정

(1) 1948~1961: 구총독부의 사무관리제도 유지(문서의 종서, 한자혼용 등)
(2) 1961~1984: 5·16 혁명 이후 군의 제반 관리기술 도입(문서의 횡서, 한글전용, 문서통제제도 도입 등)
(3) 1984~1990: 사무의 기계화 및 자동화를 모색(모사전송, 마이크로필름을 이용한 문서관리 등)
(4) 1991. 6.: 종전 개별법령에 분산되어 있던 정부공문서관리, 보고사무 등과 자료관리, 사무자동화, 사무환경 등에 관한 사항을 신규제정과 추가하여 사무관리규정으로 통합
(5) 1996. 5.: 전자결재제도 도입과 전자문서 유통근거 마련, 전결권의 대폭적인 하향 조정 등
(6) 1999. 1.: 기록물관리의 효율적 활용을 위하여 공공기관의 기록물관리에 관한 법률 제정
(7) 2002. 6.: 전자문서시스템 구축근거 마련을 위한 입법예고

2. 문서관련규정 개정안 주요내용(2002년)

(1) 문서처리 전 과정을 전자화에 맞도록 재설계

① 활용도가 낮은 절차 및 항목 폐지
  ㉠ 문서심사, 선람
  ㉡ 공람서명, 취급 및 보고
  ㉢ 협조심사표시 등 9개

② 기안문과 시행문을 하나로 통합

　　㉠ 전자문서가 원활히 유통되도록 편지문 형식으로 설계

　　㉡ 항목 대폭 간소화(38개⇒19개)

③ 결재단계의 축소: 3∼4단계 이내가 되도록 노력의무 부과

(2) 기록물관리체계를 사용자 편의 위주로 개선

① 문서대장 기재항목 대폭 간소화: 전산입력창(7개⇒2개), 항목 대폭 축소
(65개⇒16개)

② 문서등록번호, 문서생산부서코드 개선: 시스템은 코드(숫자)로, 문서에는
처리와 약칭으로 표시

③ 기록물관리 표준 모형개발: 자료관의 조직, 기능의 표준모형과 기록보
존소시스템 개발

(3) 국민편의를 위한 문서처리절차 개선

① 정책결정참여자의 실명공개 확대: 기안자, 검토자 및 결재자 모두 문서
상에 서명 표시

② 기관의 상세한 주소, 홈페이지 및 전자우편주소 표시: 주소정보에 층수와
호수까지 표시

③ 민원회신문서의 수신란 개재방법 변경: 수신란에 민원인 성명 외에 우편
번호, 주소 기재 의무화

(4) 관인등록을 상급기관에서 당해 기관으로 변경

　지금까지 관인을 직급 상급기관에 등록하도록 한 것을 당해 행정기관에
하도록 함(다만, 3차 소속기관은 직근 상급기관에 등록할 수 있도록 함).

⑤ 전자문서시스템·자료관시스템·기록보존시스템 등의 도입: 전자문서관리를 위한 전자문서시스

행정정보체계

1. 행정정보체계의 개념

① 행정정보체계(PMIS: Public Management Information System)는 공무원의 업무수행과 정책결정을 지원하기 위해 인공적으로 설계·제작된 하드웨어와 소프트웨어, 데이터, 절차의 집합이다.
② 행정정보체계는 민간부문의 MIS(경영정보체계)로 정의된다.

2. 공공부문과 민간부문의 비교

(1) 공공부문과 민간부문의 차이는 경제학적·정치적·인사행정적·작업환경적 관점으로 접근할 수 있다.
(2) 시스템의 정보처리 과정은 환경과 관련하여 자료채취단계, 자료해석단계, 목표설정단계, 평가단계를 거친다.

정보처리단계	공공부문(PMIS)	민간부문(MIS)
자료채취단계	강제적 자료채취	능동적 자료채취
해석단계	• 만족모형적 접근 • 휴리스틱에 대한 탐색	• 합리모형적 접근 • 알고리즘에 의한 대안탐색
목표설정단계	• 목표의 추상성 - 계량화의 어려움 • 목표의 무기억성 존재 • 정책결정자의 임기 내 목표설정 추구 • 계획기간의 상대적 단기성	• 목표의 구체성 - 계량화 가능 • 계획기간의 장기성
평가단계	평가기준의 변동과 평가의 혼란 여론에 의한 평가 경제성, 능률성과 함께 민주성, 형평성에 의한 평가	명확한 평가 가능 경제성과 능률성에 의한 평가

(자료: 안문석)

3. 행정정보체계의 특징

① 행정정보체계는 강제적 자료획득성향으로 행정조직에 유입되는 자료 량이 조직의 처리능력을 초과하기 쉽다. 이는 처리능력의 부족으로 서비스 제공하는 데 있어 국민이 대기하는 시간을 필요로 한다.

② 행정정보체계에서는 대기비용의 내면화가 자동으로 이루어지기 때문에 자료처리 면에서 대민서비스 수준이 낮아질 수 있다. 대기비용의 내면화란 서비스를 받는 국민의 입장에서 발생하는 대기시간(비용)이 서비스를 제공해 주는 행정조직의 비용으로 전가되는 현상을 말한다.

③ 행정정부체계가 추구하는 목표정의가 명확하지 않고 쉽게 변화한다. 따라서 초기단계에서는 원래 정보체계가 추구하는 목표구현이 어려우므로 목표나 업무범위가 명확한 고지서 발급업무를 주로 하게 된다.

④ 행정정보체계가 추구하는 목표에 도달하는 최적안을 발견하는 단계에 서도 경영정보체계에 비해 상대적으로 최적화기법을 사용하지 못한다.

⑤ 행정정보체계의 목표가 모호하기 때문에 비일상적 업무에 적용하거나 업무의 전산화가 어렵다.

⑥ 행정정보체계의 성과평가 기준이 모호하고 평가자에 따라 평가기준이

다를 수 있다.

⑦ 행정정보체계의 목적은 경제성과 능률성을 추구하는 반면에 평가기준
으로 경제성과 능률성보다는 민주성과 형평성에 치중한다.

4. 행정정보체계의 종류

① 관리정보시스템(MIS: Management Information System): 거래처리 시스
템에 의해 만들어진 기초 자료를 전체적으로 집약하여 관리업무를 수
행하는 유용한 정보로 바꿔 주는 시스템
② 거래처리시스템(TPS: Transaction Processing System): 많은 양의 거래에
관한 자료를 수집, 저장하는 시스템
③ 실행시스템(ES: Excution System): 실제작업 그 자체를 지원해 주는 전
문가체계 시스템
④ 의사결정지원시스템(DSS: Decision Support System): 의사결정자가 컴퓨
터와의 대화식 시스템으로써 반구조적, 비구조적 의사결정하는 데 필
요한 정보와 모형을 조작할 수 있는 도구를 제공하는 시스템
⑤ 통신시스템(CS: Communication System): 다양한 방식으로 정보를 공유
하고 이용하는 시스템(PC통신, e - mail, 인터넷 등)
⑥ 전략정보시스템(SIS: Strategic Information System): 많은 정보자원, 정보
시스템 자원을 조직경영의 전략적 자원으로 이용하기 위하여 구축하
는 시스템을 말한다.

05 전자정부

1. 개념

전자정부란 정보통신기술(ICTs)을 활용하여 정부행정 업무처리방식을 혁신하고, 이를 통해 행정의 효율성과 생산성을 높이면서 국민에게 신속하고 질 높은 행정서비스를 제공하는 작고 효율적인 정부 구현을 목적으로 한다고 정의할 수 있다.

① 협의의 개념: 인터넷에서 발생 가능한 모든 서비스를 제공하는 것, 즉 행정서비스와 인터넷의 측면을 강조한다. 정부서비스의 제공 대상인 시민(G2C), 기업(G2B), 그리고 정부(G2G)에 인터넷으로 365일 24시간 행정서비스를 제공하는 데 목적을 두며, 일반적으로 전자정부의 대민서비스 자체는 협의의 전자정부의 체계적인 구축 과정을 의미한다.

② 광의의 개념: 지역의 정보화와 관련된 정부의 기능이 인프라, 생활, 산업, 그리고 행정의 각 부문에 균형적으로 발전할 수 있도록 체계를 세워 가는 일련의 행위가 포함된다.

2. 용어 배경

① 전자정부(e-Government)의 용어와 의미는 미국의 국가성과평가위원회(National Perfor mance Review)의 보고서인 "Reengineering through Information Technology"에서 정의를 내렸다.

② 본래 전자은행업무에서 처음 대두된 개념을 확장한 것이라고 볼 수 있다. 즉 은행이 고객에게 인터넷뱅킹서비스를 제공하듯 정부가 국민에게 온라인상으로 각종 행정서비스를 제공하는 정부를 말한다.

3. 유형과 구성요소

(1) 유형

① 능률형: 공공부문의 능률성을 향상시키는 것을 목적으로 하는 전자정부
② 서비스형: 효율성 제고와 함께 공공부문의 정보시스템과 민간 정보시스템을 연계시켜 서비스 질의 향상에 기여하기 위한 전자정부 구축 유형이다.
③ 민주형: 민주성을 목적으로 정책결정 과정에 국민의 직접 참여가 가능하도록 만드는 전자정부이다.

(2) 구성요소

① 시스템 측면: 전자자료교환(EDI), 근거리통신망(LAN), 전자우편(e-mail), 통합DB관리시스템, 정보보안기술시스템, 스마트카드 등
② 관리운영 측면: 행정정보의 공동이용, One 또는 Non-stop 서비스 시스템, 전자결재, 원격화상회의 등

check point

지리정보체계(GIS)

1. 내용
  국토지리 관련정보를 통합DB화하여 관련부처가 공유하고 각종 정책결정에 활용하기 위한 전자정부 시스템의 일부를 말한다.

2. 추진현황
  국가GIS 주무부처인 건교부는 지금까지 국가GIS 사업이 현실세계를 지도 형태로 사이버상에 지도화하고 여기에 각종 시설물 등의 정보를 입력해 관리하는 '디지털 공간정보 인프라 구축'에 머물렀다면 앞으로는 활용 요구가 늘고 전자정부와의 연계도 본격화될 것으로 보고 이에 맞춰 3차 기본계획을 수립하고 있다. 또 기존에 입력된 GIS 데이터가 각종 정책의 의사결정 도구로 활용되고, 시민들이 직접 참여하는 시민 중심 서비스로 확산될 것으로 내다보고 있다. 이와 함께 유비쿼터스 수요에 맞춰 GIS와 IT, 위성측위시스템 (GPS), 센서 등 다양한 근접 분야 기술간 결합이 빠르게 이뤄질 것이란 전망이다.

3. 응용대상: 도시계획, 지표수관리, 교통네트워크, 재해 재난 분야 문화재 관리, 산림관리, 지도 제작, 관광정보 등

4. 우리나라 전자정부(임광현)

(1) 구현 목표

① 국민 지향적 서비스 구현: 정부의 대국민 서비스 차원(G2C)에서는 인터넷 기반의 전자정부 단일창구 구축을 통한 국민 지향적 대민 서비스 실현을 목표로 제시하고 있다(주소변경 등 국민생활과 밀접한 민원서비스의 온라인 처리를 실현하고, 주민, 부동산, 자동차, 기업 등 국가 주요 민원정보 DB의 공동활용 체제구축을 통해 주민등록 등·초본, 사업자 등록증 등 구비서류 최소화와 기관방문 횟수의 최소화로 행정능률과 주민편의 제고를 도모).

② 업무처리의 효율성과 투명성 극대화: 정부의 대기업 서비스 차원(G2B)의 전자정부 목표는 정부와 기업 간 전자상거래방식에 적용, 확산을 통한 정부와 기업 간 업무처리의 효율성과 투명성을 높이는 데 있다(구매결정에서 입찰, 대금지불까지 정부조달 전 과정의 전자적 처리를 모든 공공기관에 확산시키고, 조달관련 온라인 서비스를 통합적으로 제공).

③ 종이 없는 행정 구현: 전자결재 및 문서유통으로 행정업무 처리의 생산성, 투명성 극대화를 추구한다.

④ 정보유통 인프라구축: 정보의 유통과 관리 인프라차원에서는 안전하고 신뢰성 있는 정보유통 인프라구축을 목표로 개인정보보호, 전자적 신원확인 등을 위한 전자서명이용의 확산을 통해 온라인 행정서비스 이용기반에 구축을 확대하고 있다.

(2) 행정정보화 및 전자정부 추진 과정에서의 문제점

① 행정정보화 과정에서의 문제점
  ㉠ 전자정부 개념의 기술적 모호성
  ㉡ 응용서비스망 계층의 상호 연계성 부족

ⓒ 정보통신시스템 계층의 상호 연동성 미흡

　　ⓔ 정보자원 축적의 미흡

　② 전자정부 구현 과정에서의 문제점

　　㉠ 지식정보화 사회형성에 대한 한계 노정

　　㉡ 전자정부 구현상 기술적 한계

　　㉢ 조직문화 변화관리 측면에서 전자정부의 한계

06 행정정보공개

1. 정보공개제도의 의의

① 행정정보공개란 국가, 지방자치단체, 정부투자기관 등에서 하고 있는 일과 예산 등이 어떻게 집행되고 있는지를 국민들이 알 수 있도록 공공기관이 보유하고 있는 정보를 국민이 요구 시에 공개해야 할 의무를 말한다(수동적 관계).

② 국민의 알권리를 보장함으로써 더 많은 정보를 바탕으로 국민들이 국정운영에 참여할 수 있도록 기회를 제공하기 위한 제도이다(정보공개청구권).

③ 1992년 지방자치단체로서는 최초로 청주시가 시행하고 다른 지방자치단체에서 행정정보공개조례를 제정 시행하고 있다.

2. 정보공개법의 제정 및 시행

① 1996년 '공공기관의 정보공개에 관한 법률'을 제정, 공포하고 1998년 1월부터 시행

② 국민의 알권리 확대와 정부의 투명성 제고를 위해 정보공개법을 개정하고, 2004년 7월 30일부터 시행

3. 정보공개의 종류

① 청구공개: 공공기관이 보유하고 있는 정보에 대해 정보공개청구서를 제출하여 공개를 요구하는 방식
② 정보공표: 공공기관이 보유하고 있는 주요 정책, 사업, 예산집행 등에 관한 정보를 자발적으로 공표하는 방식

4. 공개법의 주요 내용

① 정보공개청구권자: 모든 국민, 법인과 단체는 대표자 명의, 외국인(국내 주소거주자, 연구학술 목적으로 일시 체류 중 인자, 국내사무소의 법인 또는 단체)
② 정보공개 대상기관
　㉠ 국가기관: 국회, 법원, 행정부(중앙행정기관 및 소속기관), 헌법재판소, 중앙선거관리위원회
　㉡ 지방자지단체: 전 지방자치난체, 특별지방자지단체, 시도교육청과 지역교육청
③ 기타 정부투자기관 및 대통령이 정하는 공공기관(각급 교육기관, 공단, 공사, 정부산하기관, 복지법인 등)

5. 정보공개대상과 비대상

(1) 공개 대상 정보

공공기관이 직무상 작성 또는 취득하여 관리하고 있는 문서(전자문서 포함), 도면, 사진, 테이프, 슬라이드 등 이에 준하는 매체 등에 기록된 사항

(2) 비공개 대상 정보

① 타 법률에 비공개대상으로 규정한 정보사항
② 공개 시 국가의 이익에 중대한 해를 줄 우려가 있는 정보
③ 공개 시 국민의 생명, 신체, 재산보호·공공안전 등에 현저한 해를 줄 수 있는 상당한 이유 발생이 예상되는 정보
④ 감사, 감독, 검사, 규제, 입찰계약, 첨단기술개발 등에 관한 정보 및 관련 사항
⑤ 공공기간에서 결정 과정 중에 있는 내용 중 공공기관의 결정에 현저한 지장을 초래할 우려가 있는 정보
⑥ 개인정보보호법에 저촉되는 정보
⑦ 법인의 정당한 이익을 저해 할 우려가 있는 정보

(3) 구제제도

정보공개청구권이 있는데 반하여 정당한 정보공개요구가 거부당하는 경우에 이의신청, 행정심판, 행정소송을 통하여 이를 구제받을 수 있도록 하고 있다.

〈정보공동활용제도〉

  공공부문의 정보화는 내부 업무효율성과 대국민서비스의 향상을 실현하기 위해 추진하는 것인데 이와 같은 공공부문의 정보화는 정보공동활용을 전제로 할 때 가능하다. 오늘날 대부분 행정서비스의 내용과 제공 절차가 '개별 부서 중심'에서 '다부처 중심'으로 변하고 있다. 그리고 정책대상집단도 지리적으로 광역화되고 행정서비스에 대한 기대수준도 다양화, 고급화되어 기존의 행정업무절차로는 이러한 변화를 수용하는 데 심각한 한계가 있다. 따라서 정보공동활용은 행정의 편의성, 경제성, 효과성, 책임성 등을 가능케 하는 정책수단일 뿐만 아니라 21세기 성공적인 국가경영을 위한 필요조건이라고 할 수 있다. 그러나 국내의 정보공동활용은 부처이기주의와 정책적인 환경의 미비로 활성화되지 못하고 있다. 또한 정보공동활용은 기술, 경제, 정치 등 다양한 환경을 고려하여 정책집행차원의 협의를 토대로 추진하여야 하나, 기존의 정보공동활용에 대한 연구에서는 이러한 기본 요소에 대한 개별적인 논의에 그치고 있다. 정보공동활용은 행정정보서비스의 제공이라는 현실적 목표를 달성하기 위한 관리 과정(managerial process)이라는 점에서 이에 대한 정책적 논의는 '동태적 정책환경'을 염두에 두고 이루어져야 한다. 또한 법제도, 정보통신기술, 조직구조 및 기능 등과 같은 다양한 내용을 개별적으로 다루기보다는 통합적 '접근'(holistic approach)이 필요하다.

07 지식정부와 유비쿼터스

1. 지식정부

(1) 의의

① 시식정부란 구성원들이 조직활동을 통해 경험하고 축적된 지식을 보유, 활용, 공유, 인프라 확충 등을 통해 더욱 지식을 배양한다.

② 지식을 기반으로 조직문제 해결능력을 보유하고, 정부·기업·개인 등 개별주체가 연계되어 능동적으로 지식을 창조, 활용하여 시너지를 창출하는 정부를 의미한다.

③ 주체들의 지식활동이 유기적으로 연계되어 지식이 창조·활용·학습·축적·공유되는 정부로서 축적된 지식이 지식활동을 지원할 수 있는 기반(제도, 가치, 문화, 인식공유)이 갖추어진 정부이다.

④ 조직의 지식관리를 통해 학습조직화하여 개혁을 성공으로 유도한다.

지식관리적 지식정부는 전자정부와는 한 차원 높은 개념으로서 지식의 창조·축적·활용·공유·확산 등을 통하여 새로운 지식을 창출의 순환을 반복한다(암묵지와 형식지의 순환).

(2) 대두배경

① 정보통신의 발달과 디지털 사회의 도래에 따른 새로운 정부창출의 필요성
② 정부실패로 인한 문제해결 능력의 저하와 국제경쟁사회에서의 생존성 증진 및 부가가치 창출 능력의 중요성 인식 증대

(3) 특징

① 조직 내적 측면
　㉠ 조직의 문제해결능력·미래예측능력·성과창출능력을 극대화할 수 있는 정부이다.
　㉡ 지식과 정보의 관리를 통해 발생한 기술을 바탕으로 문제해결 및 미래 예측능력을 지니며, 자기 성찰을 통해 지속적으로 피드백함으로써 성과 능력을 극대화하려는 성향을 가지고 있다.

② 조직 외적 측면
　㉠ 지식정부는 환경의 변화에 유연성, 투명성, 연계성으로 대처하며, 시민에 대한 열린 행정과 투명을 강조하는 혁신정부이다.
　㉡ 구조·기능 사이에 연계와 통합이 이루어져 빈틈없고 이음새 없는 (seamless) 행정기능을 수행함과 동시에 정보화 사회의 변화에 잘 적응할 수 있는 정부이다.

(4) 주요 유형: 팀조직, 네트워크조직, 학습조직, 가상조직, 하이퍼텍스트조직, 자생조직(환경에 적응 또는 극복하는 인간의 자생성 강조), 이음새 없는 조직 등

2. 유비쿼터스와 행정

유비쿼터스 개념이 행정에 접목된다면 국민에 대한 완벽한 행정서비스와 맞춤형 서비스 제공의 측면에서 제고되어야 할 것이다. 또한 Non-stop 행정과 24시간 열린행정의 양적·질적 확대가 가능하게 된다. 한 가지 주지할 점은 유비쿼터스는 도입하여 개발해야 하는 새로운 기술이 아니라, 정보기술의 새로운 패러다임이며, 구현하고자 하는 환경이라는 점이다. 우리나라에 있어서 유비쿼터스는 어떠한 의미를 지니며 어떤 환경이 구현될지에 대한 고민이 계속적으로 이루어져야 할 것이다. 또한 사회적 신뢰 및 인권의식 제고신뢰가 빈약한 상태에서 추진되는 정보화는 그렇지 않은 경우보다 훨씬 많은 비용이 소요된다.

3. 유비쿼터스와 행정혁신(김현성)

(1) 전자정부와 유비쿼터스의 차이

① 전자정부의 한계: 전자정부는 여전히 공급자 위주의 서비스 제공, 예산 낭비와 부족, 법적 제도 미비 등의 문제점 등을 지적받고 있다. 아울러 부처 간 협력과 상호 연계 미비로 통합서비스가 제공되지 못해 국가성보자원의 효율적인 활용에 큰 장애가 되고 있다. 또한 국민들에 대한 맞춤형 서비스가 실현되지 못하고 안전성 미비로 국민의 신뢰성이 낮은 것도 부인할 수 없는 사실이다. 인터넷을 핵심 기술기반으로 삼고 있기 때문에 네트워크에 대한 접속성은 전자정부 서비스의 가장 기본적인 요건이다. 그러다 보니 일반 국민들은 가정이나 사무실과 같이 접속효율이 높고 사용자확인이 가능한 고정된 장소에 국한하여 전자정부 서비스를 받을 수밖에 없다. 이는 사람이 중심이 되는 것이 아니라 컴퓨터와 같은 기계가 중심이 되는 구도라고 말하지 않을 수 없

다. 이렇듯 데스크탑기반 전자정부가 가지고 있는 한계는 새로이 유비쿼터스 컴퓨팅 기술의 도입으로 인해 해결에 대한 기대를 한 몸에 받고 있고 이러한 비전은 유비쿼터스 정부에 의해 형상화될 수 있다.

② 유비쿼터스의 특징: 유비쿼터스 컴퓨팅에서는 공간 속의 환경, 사물, 사람 등 이들 간의 연계에 관한 상황인 지식정보를 활용하는 정부로서 정보의 성격은 위치변화는 물론, 동작이나 정체성 식별, 그리고 물리적, 화학적, 생물학적 상태 및 대화내용이나 표정까지도 포함한다. 어느 곳에나 장착되어 있는 센서나 태그를 통해 상황인식정보를 실시간으로 수집, 공유하고 사물이나 컴퓨터 스스로가 필요한 의사결정이나 행동조치를 자동적으로 취한다. 그러다 보면 임베디드된 컴퓨터나 증강된 현실(augmented reality)과 같은 기술이 활용되기 때문에 사람이 이를 인식할 수 없을 정도가 되며, 공간 속의 환경이나 사물 속에 스며 있다든지, 언제든지 가지고 다닐 수 있도록 입거나 착용할 수 있는 등 사용의 편의성도 크게 신장된다. 정보기반의 측면에서 보면 유선·모바일·무선이 통합되고, 확장성과 주소체계가 무한하며, 센서네트워크 등의 기능적·지능적 네트워크가 토대가 된다. 유비쿼터스 정부(Ubiquitous Government)란 바로 이러한 유비쿼터스 기술을 적용하여 행정서비스 영역을 대폭 확대하고 서비스 질을 높이는 차세대 전자정부이다.

(2) 유비쿼터스 정부의 서비스 특징

① 모든 곳에서 접속가능한 서비스체제
② 빠르고 상시 접속이 가능한 서비스체제
③ 쉽고 편리하며 지능화된 서비스체제
④ 온·오프라인이 연계되고 자연스러운 사용이 가능한 서비스체제

(3) 유비쿼터스 컴퓨팅과 행정혁신의 연계

① 유비쿼터스 컴퓨팅이 지향하는 핵심 가치는 공공행정 서비스를 혁신하는 데 그 효과를 증폭시킬 수 있는 매우 중요한 요소가 된다. 위에서 공공행정 서비스 혁신의 방향을 고객 지향적 행정혁신, 성과 중심적 행정혁신, 그리고 거버넌스 지향적 행정혁신으로 제시한 바 있다.

② 유비쿼터스 컴퓨팅에 기반한 유비쿼터스 정부의 중심가치로서 인간 중심적 기술, 지능화된 서비스, 그리고 통합적 환경의 세 가지를 제시하였다. 공공행정 서비스 혁신방향은 각각 유비쿼터스 정부의 핵심 가치와 연계되어 있다.

  ㉠ 인간중심적 유비쿼터스 기술과 고객 지향적 행정혁신: 고객 지향적 행정서비스에서 가장 중요한 요소는 서비스 대상자인 일반 국민을 고객으로 인식하는 마인드의 전환이다. 유비쿼터스 컴퓨팅은 인간의 존엄성을 최고의 지향가치로 삼고 있다. 서비스의 제공이 발생하는 장소는 공무원이 있는 곳이 관공서 사무실이 아니라 일반 국민이 생활하는 바로 그 공간이다. 또한 행정서비스 제공을 받기 위해 이를 제공하는 공급자를 기준으로 맞춰진 갖가지 표준이나 요건들을 일반 국민들이 따라가야 하는 불편도 감소된다.

  ㉡ 지능화된 유비쿼터스 서비스와 성과 중심적 행정혁신: 그동안의 행정혁신에서 가장 강조하였던 것 중의 하나는 바로 성과의 향상이었다. 관료제가 지나치게 행정절차의 적법성에만 주안하다 보니 변화하는 환경에 적절하게 대응하거나 신속하게 상황을 판단하여 오류를 최소화하는 능력이 부족하였던 것이 사실이었다. 유비쿼터스 정부는 이러한 성과 중심적 행정혁신을 가능케 하는 기술적 요건을 가지고 있다. 빠르게 변화하는 행정상황에서 사람들이 일일이 개입하는 비용이나 노력이 감소되기 때문에 경쟁력 있는 효율적 정부로의 개혁이 가능하게 된다.

  ㉢ 통합적 유비쿼터스 환경과 거버넌스 지향적 행정혁신: 데스크탑 전자

정부의 공공정보 유통흐름을 보면 대체로 중앙의 집적된 대형 DB에 각 분과 어플리케이션 시스템들이 연결되어서 필요한 정보들을 검색, 조회할 수 있는 방식, 즉 top-down 형식을 취하고 있다. 이렇게 방대한 규모의 DB가 구축되려면 장기간에 걸친 정보축적 과정을 필요로 한다. 이는 행정서비스 수요가 발생하는 물리공간의 각 세부관할 공공기관을 중심으로 정보를 수집하고 이를 전산화하여 복잡한 표준화절차를 준수하여 상위기관에 공여하는 방식이다. 실시간으로 정보가 유통되고 의사결정이 신속히 이루어지며 이러한 다양한 주체 간의 네트워크는 매우 강력한 정책네트워크로서의 기능을 수행할 수 있게 된다. 아울러 현장에서 발생, 유통되는 공공정보는 투명성으로 인해 일반국민의 알권리 보장과 정부에 대한 신뢰를 증진시킬 수도 있다. 이는 거버넌스 지향적 행정혁신에 긍정적인 효과로 작용할 것이다. 시민사회에 대한 유비쿼터스 정부의 가장 가치 있는 기여는 아마도 관련 당사자들 간의 거대한 커뮤니케이션 필드를 창출해 내는 것이라고 말할 수 있다. 사물과 사물 간의 통신(things to thins: T2T)은 물론 인간과 인간 간의 통신(people to people)의 확대를 통해 성숙한 거버넌스 구축을 위한 주춧돌이 될 것이다.

참고문헌

Alderfer, C. (1969). An Empirical Test of a New Theory of Human Needs. Organizational Behavior and Human Performance

Aldrich, H. (1979). Organizations and Environments. Englewood Cliffs. N.J.: Prentice − Hall.

Argyris, C. (1957). Personality and Organization: The Conflict between the System and the Individual. New York: Harper & Row.

Argyris, C. & Schön, D. A. (1978). Organizational Learning: A Theory of Action Perspective. Reading, Mass.: Addison − Wesley

Astley, W. G., (1985) The Two Ecologies: Population and Community Perspectives on Organizational Evolution. Administrative Science Quarterly.

Atkinson, J. (1964). An Introduction to Motivation. Princeton. N.J.: Van Nostrand.

Barnard, C. (1938). The Functions of the Executive. Cambridge. MA: Harvard University Press.

Bass, B. M. (1945). The Leaderless Group Discussion. Psychological Bulletin.

Bass, B. & Ryterband, E. (1979). The Use and Abuse of Corporate Politics. Business Horizons.

Bennis, W. & Bidderman, P. (1997). Organizing Genius: The Secrets of Creative Collaboration. Chicago: Addison − Wesley.

Blake, R. R. & Mouton, J. S. (1964). The Managerial Grid. Houston: Gulf Publishing Company.

Blau, P. M. (1970). A Formal Theory of Differentiation in Organization. Amercan Sociological Review.

Burns, J. (1978). Leadership. New York: Harper & Row.

Caudle, S. L. (1994). Reengineering for Results: Keys to Success from Government Experience.

Child, J. (1972). Organizational Structure, Environment, and Performance: The Role of Strategic Choice. Sociology.

Cofer, C. & Appley, M. (1964). Motivation: Theory and Reserach. New York: Wiley

Coffey, R., Athos, A., & Reynolds, P. (1975). Behavior in the Organizations: A Multidimensional View. Englewood Cliffs. N.J: Prentice Hall.

Cohen, S. & Brand, R. (1993). Total Quality Management in Government: A Practical Guide for the Real World. San Francisco: Jossey – Bass Publishers.

Davis, K. (1964). The Dynamics of Organizational Behavior. New York: McGraw – Hill.

Dawson, P. (1994). Organizational Change: A Process Approach. London: Paul Chapman Publishing Ltd.

Drucker, P. (1968). How to be an Employee. Psychological Today. March.

Fiedler, F. E. (1967). A Theory of Leadership Effectiveness. New York: McGraw Hill.

French, J. & Raven, B. (1959). The base of Social Power. In Darwin Cartwright. (ed.). Studied in Social Power. Ann Arbor, Mitch.: University of Michigan Press.

Gibson, J. L., Ivancevich, J. M., & Donnelley., Jr., J. H. (1982; 1988; 1994). Organizations: Behavior, Structure, Processes. Burr Ridge, Ill.: Irwin.

Gortner, H. F., Mahler, J. & Nicholson, J. B. (1977). Organization Theory: A Public Perspective. 2nd ed. Fort Worth. TX: Harcourt Brace & Company.

Gray, J. L. & Starke, F. A. (1988). Organizational Behavior: Concepts and Applications. Columbus: Merrill.

Gulick, L. (1937). Notes on the Theory of Organization. In Jay M.Schafritz & Albert C. Hyde. (eds.). Classic of Public Administration, Oak Park. IL: Moore Publishing.

Hall, D. & Nougaim, K (1967). An examination of Maslow's Need Hierarchy in an Organizational Setting. Organizational Behavior and Human Performance.

Hannan, M. T. & Freeman, J. H. (1977). The Population Ecology of Organizations. American Journal of Sociology.

Hersey, P. & Blanchard, K. (1977; 1982). Management of Organizational Behavior: Utilizing Human Resources. Englewood Cliffs. New Jersey: Prentice Hall.

Herzberg, F. (1966). Work and the nature of man. New York: New American Library.

Herzberg, F., mausner, B., & Snyderman, B. (1959). The motivation to work. New York: Wiley.

House, R. J. (1971). A Path－Goal Theory of Leadership Effectiveness. Administrative Science Quarterly.

House, R. J. & Mitchell, T. R. (1974), Path－Goal Theory of Leadership. Journal of Contemporary Business.

Landau, M. (1969). Redundancy, Rationally, and the Problems of Duplication and Overlap. Public Administration Review.

Leavitt, H. (1965). Applied Organizational Changes in Industry: Structual, Technological, and Humanistic Approaches. In James March(ed.). Handbook of Organizations. Chicago: Rand McNally.

Lippitt, R. & White, R. K. (1985), an Experimental Study of Leadership and Group Life. In Eleanor E. Macoby, T. M. Newcomb & E. L. Hartley (eds.). Readings in Social Psychology. 3th ed. New York: Holt.

March, J. & Simon, H. (1958). Organizations. New York: Wiley.

Maslow, A. H. (1943). A Theory of Human Motivation. Psychological Review.

McClelland, D. C. (1961). The Achieving Society. Princeton. New Jersey: Van Nostrand.

McClelland, D., Atkinson, J., Clark, R., & Lowell, E. (1953). The Achievement Motive. New York: Appleton－Century.

McClelland, D. & Burnham, D. (1976). Power is the Great Motivator. Harvard Business Review.

McClelland, D. C. et. al. (1953). The Achievement Motives. New York: Appleton －Century－Crofts.

McGregor, D. (1960). The human side of enterprise. New York: McGraw－Hill.

Mintzberg, H. (1979). The Structuring of Organizations. Englewood Cliffs. New Jersey: Prentice－Hall.

Murray, H. (1938). Explorations in Personality. New York: Oxford University Press.

Murray, V. & Gandz, J. (1980). Games Executives Play: Politics at Work. Business Horizons.

Oldham, G. R. & Hackman, J. R. (1981). Relationship beween Organizational Structure and Employee Reactions: Comparing Alternative Frameworks. Administrative Science Quarterly.

O'Reilly Ⅲ, C. & Pondy, L. (1979). Organizational communication. In S. Kerr.(Ed.),

Organizational behavior. Columbus, Ohio: Grid.

Ouchi, W. G. (1979). A Conceptual Framework for the Design of Organizational Control Mechanisms. Management Science.

Perrow, C. (1967). A Framework for the Comparative Analysis of Organizations. American Sociological Review.

Pondy, L. R. & Mittroff, I. I. (1979). Beyond Open System Models of Organization. Research In Organizational Behavior, C.T.: JAI Press, 1, Greenwich.

Reddin, W., J. (1970) Managerial Effectiveness, New York: Mcgraw – Hill.

Schein, E. H. (1970; 1980). Organizational Psychology. Englewood Cliffs. New Jersey: Prentice – Hall.

Scoott, W. G. &Mitchell, T. R (1976). Organization theory: A structual and Behavioral Analysis(3rd ed.) Homewood: Irwin.

Selznick, P. (1948). Foundation of the Theory of organization. American Sociological Review, 13.

Senge, P. (1990). The Fifth Discipline: The Art and Practice of the Learning Organization. New York: Doubleday Currency.

Simon. H. A. (1957). Administration Behavior: A story of Decision – Making Process in Administration Organization. New York: Free Press.

Thomas, K. (1976). Conflict and Conflict Management. In M. Dunnette. (Ed.). Handbook of Industrial and Organizational Psychology. Chicago: Rand – McNally.

Thompson, J. D. (1967). Organizations in Action, New York: Mcgraw – Hill.

Vroom, V. (1964). Work and motivation. New York: Wiley.

Williamson (1981). The Economics of Organization: The Transaction Costs Approach.

Woodward, J. (1965). Industrial Organization: Theory and Practice. London: Oxford University Press.

찾아보기

서상원 ─────────────────────────────────────

▌약 력

고려대 행정학 박사

(전)국방개혁위원회 연구위원

(전)대구대학 전임연구원

(현)고려대 정부학연구소 선임연구원

(현)(사)남도발전연구원 연구위원

(현)한국물류산학연협회 전임강사

(현)한경대, 백석대, 강남대 등 강사

▌주요논문 및 저서

『오아시스행정학』, 『인사행정』, 『정책론』, 『유통마케팅론』

「공공서비스 공급방식의 전략적 결정사례 분석」

「선진국 행정개혁의 성과평가와 함의」 등

서상원 교수의 행정학 시리즈 ① 조직관리론

초판인쇄 | 2009년 2월 25일
초판발행 | 2009년 2월 25일

지은이 | 서상원
펴낸이 | 채종준
펴낸곳 | 한국학술정보㈜
주 소 | 경기도 파주시 교하읍 문발리 513-5 파주출판문화정보산업단지
전 화 | 031) 908-3181(대표)
팩 스 | 031) 908-3189
홈페이지 | http://www.kstudy.com
E-mail | 출판사업부 publish@kstudy.com

등 록 |
가 격 | 22,000원

ISBN 978-89-534-1209-5 13350 (Paper Book)
      978-89-534-1210-1 18350 (e-Book)

이담 은 한국학술정보(주)의 지식실용서 브랜드입니다.